궁금해요!
의사가
사는 세상

궁금해요! 의사가 사는 세상

초판 1쇄 발행/2009년 6월 15일
초판 9쇄 발행/2021년 5월 27일

지은이/서홍관, 김현정, 김희태
펴낸이/강일우
책임편집/이효진
펴낸곳/(주)창비
등록/1986년 8월 5일 제85호
주소/10881 경기도 파주시 회동길 184
전화/031-955-3333
팩시밀리/영업 031-955-3399 · 편집 031-955-3400
홈페이지/www.changbi.com
전자우편/dongmu@changbi.com

ISBN 978-89-364-5802-7 43300
ISBN 978-89-364-5992-5(세트)

* 사진 제공:국립암센터, 라이철코리아
* 이 책 내용의 전부 또는 일부를 재사용하려면
  반드시 저작권자와 창비 양측의 동의를 받아야 합니다.
* 책값은 뒤표지에 표시되어 있습니다.

궁금해요! 의사가 사는 세상

직업 탐색 보고서 · 의사

의사 서홍관 지음

학생 김현정 · 김희태

창비

꿈을 향한 십대들의 인터뷰

　중학생 시절은 인생의 어떤 과정을 지나는 시기일까? 동화적인 세계에서 막 벗어난 이 시기는 세상에 점차 눈떠 가며 자신의 미래에 대한 생각도 부쩍 많아지는 때이다. "○○이 되고 싶어." 혹은 아직 그런 결심은 없지만 조금씩 자아에 눈을 뜨며 "나중에 커서 무엇을 할까?" 하는 현실적인 고민을 진지하게 시작했을 수도 있다. 어느 날 진로를 결정했다가 그다음 날에는 바로 마음이 흔들리기도 한다. 십대는 어린이가 어른으로 성장하는 시기로서 심리적으로 급격히 불안정해질 수 있다는 임상적 보고도 있다. 때론 '인간이란 무엇인가'라는 문제를 생각하기도 하고, 자기모순에 눈을 뜨기도 하면서 성장통을 겪는 시기인 것이다.

　이런 민감한 시기에, 그리고 앞으로 어떤 일을 하며 살아가면 좋을지 진지한 고민이 시작될 때, 미래의 직업에 대한 탐색은 교과 공부에 밀려 제쳐 둘 수 없는 중요한 일이 아닐 수 없다. 직업에 대한 바른 '정보'는 인생을 살아가기 위한 지도와 같은 것이기 때문이다. 자기에게 가치 있는 정보는 바닷가의 모래알 하나보다 작고 손에 쥐기 어려울지도 모른다. 하지만 자신을 100퍼센트 살릴 일을 찾기 위해서는 이런 정보를 찾는 노력을 게을리할 수 없다. 필요한 정보를 찾고 자기 안에 쌓아 두는 기술은 세상을 지혜롭게 살아가는 데도 소중하다. 그런데 대부분의 학생들은 어떤 직업이 우리 사회에서 구체적으로 무슨 일을 맡고 있는지, 어떻게 그 직업인이 될 수 있을지 정확하고 상세한 정보를 얻기가 매우 어려운 실정이다. 이런 상황에 처한 십대에게 '살아가는 의미'와 '진로'를 진지하게 고민해 볼 수 있는 책이 필요하다고 판단하고 '직업 탐색 보고서'를 기획하게 되었다.

이 시리즈에는 무슨 정보를 어떤 형식으로 담았을까?

첫째, 중학생들이 각 분야 전문가를 직접 인터뷰한 내용을 알기 쉽게 정리했다. 창비에서는 2008년 여름방학 때 직업을 탐색해 보는 드림캠프를 열었다. 이때 참가한 학생들 가운데 인터뷰를 희망하는 중학생을 선발했으며, 인터뷰어로 뽑힌 학생들 자신이 만나보고 싶은 사회의 저명 직업인을 직접 찾아가 궁금한 것을 물어본 것이다. 인터뷰 속에는 현재의 삶에 만족하는지부터 전문가가 되기 위해 무엇이 필요한지 등 해당 직업에 대해 학생들이 정말 궁금해하는 것을 담았기 때문에 질문이 소박하지만 현실적이다. 학생들 앞에 앉은 해당 직업의 종사자들은 하나하나 쉽게 답변하려 애썼기 때문에 책을 읽는 학생들이 "아, 그런 점이 있구나." 하고 고개를 끄

덕일 대목이 적지 않다. 이 시리즈를 읽을 청소년들은 질문을 던지는 학생과 함께 전문가들이 무슨 생각을 하고 있는지 귀 기울여 들으며 자기에게 필요한 정보를 뽑아 체크하면서 읽으면 좋을 듯하다.

둘째, 전문가들이 인터뷰에서 못다 한 중요한 이야기를 글을 통해 자상하게 들려준다. 학생들과의 대화 속에 미처 담지 못했던 해당 전문 분야에 대한 설명, 직업인으로서 세상을 보는 관점, 해당 직업에 대한 진지한 생각 들이 담겨 있다. 학생들이 엉터리 정보를 믿고 걸어가면 길을 잃을 수도 있기 때문에 바르고 상세한 정보를 들려주기 위해 각별히 노력한 부분이다.

셋째, 학생들이 해당 직업에 대해 좀 더 알아보는 탐구 활동을 수록했다. 인터뷰에 참여한 학생들이 직접 기사를 써 보거나 현장을 기록하고 관련 분야를 체험해 볼 수 있는 기회를 마련했다. 이 책에 소개된 활동은 다양한 직업 체험의 작은 일부일 뿐이며, 이 책을 읽는 독자들 스스로 참여할 수 있는 캠프나 봉사 활동을 찾아 실천해 보면 좋겠다. 뒤에 붙은 부록에는 해당 분야와 관련된 영화나 책 등 도움이 될 만한 자료를 모아 엮었다.

우리 사회의 다양한 직업들을 직접 탐색해 보는 이 시리즈를 통해 십대들이 스스로 미래를 위한 정보를 수집하고 자신의 인생을 만들어 나가기를 바란다.

2009년 6월 '직업 탐색 보고서' 기획위원회

병원 24시!

의사의 하루

08:00

컨퍼런스 현대 의학은 빠른 속도로 발전하기 때문에 그 변화를 따라잡기 위해서는 지속적으로 공부하지 않으면 안 된다. 한 사람이 다양한 분야를 다 알기 어렵기 때문에 발표하고 토론하는 컨퍼런스는 현대 의학의 필수적인 요소이다. 병원의 하루도 컨퍼런스로 시작된다. 수백 명이 모이는 컨퍼런스도 있고, 서너 명이 모이는 컨퍼런스도 있다.

08:30

동료들과 담소 아침에 커피 한 잔을 마시면서 환자와 진료 등을 화제로 대화를 나눈다. 회식이나 사적인 내용 등 가벼운 이야기를 나누기도 한다.

{의사들의 다양한 업무}

의무 기록 작성

환자의 증상이나 진료 기록, 검사 기록은 모두 의무 기록(차트)이라 부르는데 이 기록은 환자의 상태를 파악하는 데 필수적이다. 자기가 진료하는 환자라 하더라도 의사가 이런 방대한 내용을 다 기억할 수 없기 때문에 의무 기록은 진료에 꼭 필요하다. 또한 현재 하고 있는 치료가 잘 되고 있는지도 의무 기록을 봐야만 알 수 있다. 의무 기록은 의학 발전과 연구에도 필수적이다.

09:00

환자 진료　환자를 진료하는 의사에게 가장 중요한 시간이다. 이때 진단을 위해서 환자의 이야기를 듣고, 치료 방침을 결정하고, 검사를 시행하기도 하고, 환자와 가족이 궁금해하는 질문에 답변해 주기도 한다.

13:30

전화 상담　현대인은 바쁘기 때문에 매번 병원에 오기 쉽지 않을 때가 많다. 그럴 경우에 병원에서는 간혹 전화를 통해 결과를 알려 주거나 상담해 주는 일도 있다.

컴퓨터 작업

요즘은 진료 기록이 모두 전산화되고, 방사선 사진도 필름으로 출력하지 않고 디지털화되어 컴퓨터 모니터에서 확인할 수 있다. 따라서 컴퓨터로 병리 검사나 방사선 사진 결과를 보고, 검사나 투약 역시 컴퓨터로 처리하는 일이 많다. 그래서 환자를 앞에 두고도 계속 컴퓨터만 바라보는 시간이 길어지고 있다. 때로는 환자와 대화할 때조차 모니터를 들여다보는 경우가 많아서 비인간적인 느낌이 들기도 한다.

회진

의사들은 대개 아침마다 병실을 돌며 입원 환자를 만난다. 이때 진단 결과를 알려 주기도 하고, 환자의 상태를 확인하기도 하고, 앞으로의 치료 방침을 알려 주기도 한다.

15:00

임상시험심의위원회(IRB) 과거에는 의학 연구를 할 때 환자들 몰래 하거나, 환자들에게 연구의 내용을 충분히 알려 주지 않고 실험하는 경우도 있었다. 그러나 지금은 환자를 대상으로 연구를 시행할 때에는 임상시험심의위원회를 열어 윤리적으로 문제가 없는지 많은 전문가들이 모여 검증을 한다. 필자는 국립암센터 임상시험심의위원회 위원장을 맡고 있는데, 사진은 관련 회의 준비를 논의하는 모습이다.

16:00

강의 전공의들을 대상으로 교육을 하는 것도 의사가 해야 할 중요한 임무 가운데 하나이다. 사진은 금연의 중요성과, 흡연자들을 금연시키는 행동요법과 약물요법에 대해 강의하는 모습이다.

내시경 검사

사진은 내시경 검사를 하는 모습이다. 의학 기술과 기구들이 발전하면서 병원에서는 병력 청취와 진찰 말고도 점점 더 많은 검사를 하게 되었다. 이에 따라 의사와 환자가 대화하는 시간이 줄어들고, 대신 검사하는 데 더 많은 시간을 쓰게 되었다.

혈액 검사

환자의 혈액을 통해 간 기능이나 신장 기능, 각종 호르몬 수치도 알 수 있고, 각종 병균에 감염되었는지 여부도 알 수 있다. 빠른 시간에 정밀한 검사 결과가 나오면 진단이 그만큼 빨라질 수 있다.

17:00

진료 회의 진료 회의에서는 의사들이 진료하는 과정에서 각 분야별로 문제점은 없는지 토론하기도 하고, 진료를 위한 학술적인 발표를 하기도 한다.

방사선 검사

뢴트겐이 엑스선을 발견한 이래 방사선 검사는 현대 의학에서 빼놓을 수 없는 중요한 검사로 떠올랐다. 엑스선에 이어 초음파 검사, CT, MRI, PET 사진 등이 개발되어 진단을 정확하게 내려 주고 질병의 경과까지 알 수 있게 해 준다.

동물 실험

의학 연구에 인간을 대신하는 실험동물들이 없었다면 현대 의학이 이렇게까지 발전하긴 힘들었다. 의학 연구를 하려면 실험동물실의 운영은 필수적이다.

1 부

의사 서홍관을 인터뷰하다

_1_
의사에게 환자란?

● 선생님에게 환자는 어떤 의미인가요?

글쎄, 처음부터 아주 중요한 이야기를 꺼냈네. 우선 나는 의사가 직업인데, 직업이 그 사람에게 어떤 의미인지는 아주 중요한 문제라고 생각해. 그리고 의사인 나에게 환자는 내 직업과 떼어 놓고 생각할 수가 없지.

어떤 사람이 경찰이 되었다고 해 봐. 그런데 그 경찰이 정말 마음에 안 드는 일을 먹고살기 위해서 하는 수 없이 하고 있다면 행복할 수 있을까? 물론 그 직업을 통해 번 돈으로 가족의 생계를 유지하고 재미있는 취미 생활도 하면서 즐거울 수는 있겠지. 그러나 그 경찰이 자기가 하는 일 자체에서 보람을 느낀다면 더할 나위 없이 행복할 수 있을 거야.

나는 의사로 일하면서 환자들의 고민과 고통을 해결하는 데서 보람을 느끼거든. 달리 말한다면, 환자는 의사인 내가 존재하는 이유라고도 할 수 있겠지.

물론 환자를 돈을 버는 대상으로 생각하는 의사라면, 환자를 볼 때마다 저 사람을 어떻게 이용해서 돈을 긁어모을까 하고 생각할 수도 있겠지. 그러나 그렇게 살면 돈은 벌 수 있을지 몰라도 마음에서 오는 진정한 기쁨과 행복을 느끼진 못할 것 같아.

하지만 환자를 보면서 도와주는 것에서 보람을 느낀다면 그 사람들을 볼 때 기쁘고 행복할 수 있지. 정형외과 의사로서는 다리가 부러져서 병원에 실려 온 사람이 나갈 때 자기 발로 걸어 나가면서 "감사합니다." 하고 인사한다면, 그게 보람 아니겠어?

의과대학 친구 중에 정신과 의사가 있어. 그 친구한테 요즘 어떻게 지내냐고 물어봤더니 이런 말을 해. 자기를 찾아오는 환자들은 대개 우울증 환자, 불안증 환자, 스트레스를 많이 받는 사람들이라는 거지. 그 환자들이 자기에게 찾아와서 언제 불안을 느끼는지, 왜 우울한지를 털어놓고, 가정에서 생기는 고통과 직장에서 받는 스트레스를 다 털어놓는다는 거야. 그래서 그런 사람들 이야기 들어 주고, 그 고통을 다 해결하진 못하지만 위로하고, 도와주는 것 자체가 보람이라고 말하더라고.

하지만 의사로 살아가면서 좋은 일만 있는 것은 물론 아니지. 암 환자의 절반은 완치할 수 있지만, 나머지 절반은 발병 후 5년 안에 사망하거든. 그러니 암을 치료하는 의사는 자기 환자가 죽어 가는 걸 지켜볼 수밖에 없고, 그때 즐거울 수는 없겠지.

때로는 수술을 했는데도 병이 악화되면 의사도 스트레스를 받아. 내 친구인 신경외과 의사는 뇌출혈이 있는 환자를 수술하다가 환자가 사망하는 일을 겪었는데, 그 일로 1주일 동안 아주 우울해하는 걸 봤어.

결국 환자는 의사인 나에게 보람을 주는 존재이지만, 때로는 내 뜻대로 낫지 않아 고통스러운 경우도 있다고 말해야겠네.

● 잊을 수 없는 환자가 있으세요?

의사로 20년을 살았으니 기억에 남는 사람은 많지.

의과대학을 졸업하고 의사가 막 됐을 때, 자살하려고 농약을 먹은 여자 환자가 응급실에 들어왔어. 부부 싸움을 하다가 홧김에 농약을 먹은 부인이었지. 남편은 죄지은 사람처럼 초조하게 서 있었고. 농약이 흡수되면 죽으니까 실려 왔을 때 빨리 위장 세척을 해야 하거든. 입으로 튜브를 넣고 그걸 통해 물을 집어넣어서 위를 씻어 내는 과정이 필요한데, 목 속으로 튜브를 넣으면 불편하니까 환자가 협조를 잘 안 하는 경우가 있어. 이때도 마찬가지였어. 환자가 튜브를 뽑으려고 해서 달래기도 하고 윽박지르기도 하면서 위를 씻어 냈어. 농약이 흡수되기 전에 내가 위장의 농약을 빨리 씻어 내면 이 사람이 살아날 수 있겠다고 생각하니 책임감이 컸지. 위장을 씻어 내면 농약과 그 사람이 먹은 음식물이 같이 쏟아져 나와서 정말 역겨운 냄새가 나. 그래서 나까지 구역질이 나기도 했지만 참고 해 냈고, 그 사람이 살아서 병원을 나갔을 때 정말 내가 의사가 되었구나 하는 보람을 느꼈어.

또 한번은 의대를 졸업한 뒤, 군산 앞바다의 선유도라는 섬에서 군 복무 대신 공중보건의사로 지낼 때 일이야. 중학교 1학년 학생이 아침 등굣길에 자전거를 타다가 굴러 떨어져서 나한테 왔어. 그런데 당시 그 섬에는 배가 하루에 한 번밖에 안 왔어. 배가 오후 1시에 오는데, 섬에는 뼈가 부러진 것을 확인할 엑스레이 사진을 찍을 기계가 없었지. 만약 뼈가 부러지지도 않았는데 내가 그 학생을 육지로 보내면, 그 가족은 배 타고 나가 군산에서 하루 자야 하니 엄청나게 불편할 것이고 나를 몹시 원망하겠지. 하지만 만약 뼈가 부러졌는데도 그걸 모르고 육지로 보내지 않았다가 악화된다면, 그건 정말 큰 오진이고, 역시 그 가족은 나를 원망할 거야. 물론 그 학생도 몹시 고통을 당하겠지. 나는 중요한 결정을 내려야 할 시점에 놓여 있었어.

　그런데 그 학생이 팔이 아프다면서 치료 때문에 옷을 벗기려고 해도 옷을 벗지 않는 거야. 만약에 골절이 있다면, 옷을 무리하게 벗기다가 골절 부위가 악화될 수도 있을 테니 나는 신중해야만 했지. 그래서 결심을 하고 아까운 옷을 과감하게 가위로 찢었어. 그랬더니 아니나 다를까, 팔이 부어올라 있었어. 난 그걸 보고 골절이라고 판단해서 환자를 육지로 보냈고, 수술 잘 받고 돌아온 환자를 나중에 본 기억이 나. 즉 모든 시설을 갖춘 곳에서 의사로 일하는 것과 시설이 부족한 상황에서 의사로 일하는 것이 큰 차이가 있고, 시설이 열악한 곳에서 다른 사람의 도움 없이 혼자 판단해서 일을 처리할 때의 책임감은 정말 무겁다는 것을 깨달은 일이야.

　또 기억에 남는 환자는 어떤 할머니야. 고혈압으로 나한테 오시던 분이었어. 6·25 때 빈손으로 남쪽에 와서 자녀들 다 키우고 집안을 일으킨, 고집이 아주 센 평안도 할머니였지. 평소에는 고혈압 약만 받기 때문에 두 달에 한 번씩 오시던 분이, 갑자기 설사를 해서 기운이 없다고 다짜고짜 링거를 놔 달라며 찾아오셨어. 그럴 때 환자가 원하는 대로 링거만 줄 수도 있겠지만 뭔가 기분이 이상한 거야. 그래서 자세히 물어보았더니 설사를 한 달 넘게 계속하셨대. 이상했지. 간단하게 링거 하나 놔 달라고 왔지만 심각한 문제가 숨어 있을 것 같아서 "입원해서 검사를 해 봅시다." 했어. 나는 대장

암 가능성이 있다고 판단하고 내과 의사에게 보내 입원하시도록 했어.

그런 뒤 몇 주가 지났는데 그 할머니가 다시 오셨더라고. "참, 지난번에 잘 치료받고 퇴원하셨습니까?" 하고 물어보니, 이분이 의사들과 대판 싸우고 그냥 퇴원하셨다는 거야.

의사들이 검사를 할 때는 왜 검사를 하는지 납득할 수 있게 설명해 주고, 치료를 할 때도 이러저러해서 이런 치료를 한다고 설명해 줘야 하는데, 알고 보니, 아무도 제대로 설명해 주지 않고, 피를 엄청나게 뽑고, 이리 가라 저리 가라 검사만 해 댄 거야. 그러니까 이할머니가 화가 나서 의사와 싸우고는 혼자 퇴원해 버리셨다는 거지. 대장암을 찾아내려면 대장 내시경 검사를 해야 하는데 그것도 안 하고 퇴원했으니 이건 심각한 문제였어. 그래서 이번에는 내가 직접 진료해 드릴 테니 입원하시라고 달래서 대장 내시경 검사를 했더니 결국 대장암이 발견된 거야. 그래서 수술도 받고, 항암 치료도 잘 하셔서 오래 사셨지.

그 할머니가 내게 알려 준 것은, 우리가 아무리 의학 지식과 기술이 있어도 그것을 사용할 수 있으려면 의사와 환자가 서로 신뢰하는 관계가 되어야 한다는 점이야. 그 할머니가 나를 믿었기 때문에 나에게 설득 당해 그 검사를 할 수 있었지, 만약 그 할머니가 나를 의사로서 믿지 않았다면 그날도 링거만 맞고 가셨을 거야. 그랬다면 암 진단이 늦어져서 치료를 받을 수 없었겠지.

현대 의학에서 아무리 많은 첨단 장비를 동원한다 해도 그걸 이용할지 말지는 결국 환자가 판단하는 거야. 그래서 의사와 환자의 의사소통이 중요하다는 것을 새삼 깨달은 사건이지.

● 선생님에게 최악의 환자는 어떤 사람인가요?

의사가 성심성의껏 설명하고 노력하는데 의사를 무시하고 제멋대로 구는 환자를 보면 아무래도 화가 나지. 어느 사회에나 다른 사람을 무시하는 사람이 있게 마련인데, 자기가 똑똑하다고 생각하고 의사를 무시하려고 드는 사람들은 만나고 싶지 않지.

의사 생활 하면서 환자랑 싸운 적이 몇 번 있어. 나도 인간이니까 화가 날 때가 있지. 한번은 어떤 환자가 나보다 나이가 많다고 생각해서 그랬는지 은근히 반말을 하는 거야. 참고 듣다가 나중에는 화가 치밀어서 왜 반말을 하느냐고 화를 내고 만 적이 있지. 그랬더니 그 사람이 어처구니없게도 자기는 반말을 하지 않았다는 거야. 아마 무심코 반말을 하는 습관이 있는 분이었던 것 같은데, 나로서는 화가 난 사건이지.

그리고 막 전문의가 된 30대 초반의 일이야. 한 환자가 고혈압이 있어서 열심히 설명하고 약을 처방해 줬는데, 다음번 진료 때 혈압이 전혀 좋아지지 않았다고 불평하더라고. 그래서 다른 약으로 바꿀까 했는데, 알고 보니, 환자가 나를 애송이 의사라고 생각하고는 내가 처방한 약은 먹지도 않은 상태였어. 그러고는 유명한 다른 의사의 진료를 받을 수 있게 해 달라고 막무가내로 요구하는 거야. 그 환자의 태도에 참지 못하고 화를 낸 일이 있어.

그런데 연륜이 깊어질수록 환자가 조금 무례하게 굴어도 그냥 참으면서 진료를 마칠 수 있게 된 걸 보면, 그동안 나도 조금은 수양이 됐는지도 모르지. (웃음)

● 선생님도 환자가 되어 보신 적이 있나요?

여태까지 다행히도 자주 아픈 편은 아니었지만 사고를 당한 적이 있어.

고등학교 2학년 때 대둔산에 올라서 저녁을 준비하는데 친구가 알코올버너를 잘못 다뤄서 옆에서 구경하던 내 얼굴에 온통 불이

붙어 버렸지. 어떤 아저씨가 응급조치로 소주를 얼굴에 들이부었는데, 사실 아무 효과도 없는 처치였지. 문제는 산속이라 차도 없어서 하룻밤을 새우고 다음날 버스를 타고 나오려는데, 얼굴의 살갗이 군데군데 탄 데다가, 하룻밤 사이에 얼굴이 퉁퉁 붓고, 머리카락 일부와 눈썹이 타 버린 상태였어. 버스에서 그런 내 얼굴을 거울로 보고, 숨이 막히는 줄 알았지. 정말 귀신이 따로 없는 얼굴이었어. 그래서 그해 여름방학 동안 화상 치료하느라 보충수업을 한 번도 듣지 못했어. 2학기가 되었는데도 얼굴이 완치되지 않아서 화상 입은 곳과 입지 않은 곳이 뒤섞여 얼굴이 얼룩덜룩했지. 수업에 들어오신 선생님들마다 얼굴이 왜 그 모양이냐고 묻는데 정말 괴로웠어.

더구나 화상에 놀란 뒤로는 불빛만 봐도 두려움이 생겼어. 등굣길에 조그만 철공소를 지나야 했는데, 용접할 때 생기는 불꽃이 겁이 나서 빙 돌아서 가곤 했지. 그리고 백열전구를 봐도 그게 폭발해서 내 얼굴에 유리가 박힐 것 같은 두려움을 느껴서 백열등을 보면 손으로 가리고 다니기도 했고. 사실은 그때 화상으로 생긴 흉터가 지금도 입술에 남아 있어. 사고가 그렇게 무섭다는 것을 그때 알았지.

또 한번은 대학교 3학년 때 부산의 친구 집에 놀러 갔는데, 친구 어머니께서 대접한다고 사 오신 고기가 상해 있었던 모양이야. 식중독에 걸려서 창자를 누가 쥐어짜는 것 같은 고통을 느꼈고, 밤새

토하고 설사했는데 정말 완전히 지쳐 버렸지. 다 토해서 나올 것이 없는데도 계속 구토증이 나서 아예 화장실에서 변기를 붙들고 있었는데, 나중에는 구토 때문에 뱃가죽까지 아팠지.

또 유행성 감기가 돌 때 걸린 것도 여러 번이야. 사실 의사라는 직업이 유행성 질병 앞에 가장 위험한 직업이야. 감기 환자를 진료할 때 의사가 콧물을 흘리면서 맹맹한 목소리로 말을 하면 환자들이 모두 의아하게 생각하면서 "아니, 의사도 감기 걸려요?" 하는데, 실은 감기가 유행할 때 환자들이 몰려와서 의사에게 옮겨 주니까 가장 위험하다고 할 수밖에 없겠지. 그런데도 사람들은 의사가 병에 안 걸리는 특권층이라는 편견을 갖지.

사실 의사로서 가끔 아파 보는 것도 필요하다는 생각을 해. 왜냐하면 자기가 아파 봐야 아픈 사람의 심정을 헤아릴 테니까.

● 의사도 병원에 가나요? 그리고 의사가 의사에게 가면 특별 대우를 받나요?

의사라고 해서 병에 안 걸리는 뾰족한 수는 없잖아. 병균이 의사라고 피해 가지는 않으니까 의사도 병이 생기면 의사한테 가야지. 병이 워낙 많고 다양해서 자기가 자기 병을 치료할 수 있는 사람은 별로 없어. 그래도 의사들은 다른 사람보다는 병원에 가는 일이 좀 적겠지. 간단한 문제는 스스로 해결할 수도 있으니까.

위암 수술을 아주 잘하는 외과 의사가 있었어. 근데 이분이 당뇨에 걸렸는데 자기 전공 분야도 아닌 당뇨를 혼자 공부하면서 치료한 거야. 당뇨병을 전문으로 하는 의사한테 가면 되는데 당뇨병 걸렸다는 소문이 나는 게 싫었는지, 자기 병을 숨기고 혼자 치료한 거야. 자기 자신을 완벽한 인간처럼 보이고 싶었는지도 모르지. 그런데 아무래도 제대로 치료가 되지 않아서 당뇨 합병증으로 결국 돌아가셨으니 애석한 일이지. 의사도 질병 앞에서는 평범한 환자일 뿐이니까 담당 의사에게 맡기는 게 올바른 태도겠지.

물론 의사가 아플 경우에는 아무래도 입원도 빨리 시켜 주고 치료도 잘 해 줄 거라고 생각할 수 있지. 그런데 자칫하면 그게 오히려 일을 꼬이게 만들기도 해. 예를 들어, 열 가지 항목을 다 검사 받는 데 50만 원을 내야 하는데, 같은 의사끼리니까 봐주려고 꼭 필요한 것만 골라서 다섯 가지만 검사하게 할 경우 이렇게 치료비를 아끼려다가 중요한 문제가 발견되지 않아서 훗날 큰일 생기는 경우가 있거든. 이걸 VIP 신드롬이라고 불러. 그래서 의사라고 해도 봐주지 말고 일반 환자처럼 순서대로 밟아 가는 게 사고도 안 생기고 좋다고 의사들끼리 얘기하곤 해.

_2_
의사라는 직업이 궁금해요

● 사람들이 왜 의사가 되기를 바란다고 생각하세요?

　가장 큰 이유는 직업적 안정성이 아닐까 싶어. 경제적으로 안정된 생활을 할 수 있다는 게 큰 이유지. 건강하다면 70세, 심지어는 80세까지도 일할 수 있으니까. 의사가 되면 돈을 많이 벌 수 있다는 것보다는 평생 일정한 소득을 '안정적'으로 얻을 수 있다는 것, 즉 의사의 직업적인 안정감이 중요하게 평가되고 있는 것 같아.

　특히 부모들이 자녀에게 의사가 되라고 많이 권하지. 자녀들은 솔직히 미래의 경제적 안정에 대해서 관심이 적은데 말이야. 사실 이제 10대인 학생들이 어떻게 50대, 60대의 경제적 안정성까지 생각할 수 있겠어? 그러나 어른들은 한창 자녀들이 학교를 졸업하고 사회에 진출하거나 결혼해야 하는 중요한 시기에 취직이 안 되는 사람들을 보니까 끔찍하거든. 또 30대와 40대에 좋은 직장에 다니다가도 40대와 50대에 퇴출당해서 오갈 데 없이 헤매는 사람들을 보면서 의사를 선호하게 되는 거지.

또 한편으로는 사회의 변화 속도와도 관련이 있어. 현대사회가 너무 빨리 변한다고 하잖아. 예를 들어, 옛날에는 휴대전화가 없었으니 그와 관련된 일을 하며 먹고사는 사람이 없었지만 지금은 많잖아. 그런 식으로 사회가 빨리 변하면 직업도 빠르게 변할 수밖에 없어. 1960년대에 큰 공원에는 사진 찍어 주는 직업을 가진 사람들이 있었어. 그때는 카메라가 보통 사람은 갖기 힘든 사치품이어서 사진을 찍으려면 그분들에게 부탁했지. 그러나 카메라가 보급되면서 집집마다 사진 찍는 일이 흔해지니까 공원의 사진사는 점점 밀려나고, 그 대신 사진 현상소가 늘어났어. 왜냐하면 많은 사람들이 사진을 자주 찍어서 필름 현상을 하니까 이게 돈이 된 거지. 그런데 지금은 디지털 카메라가 보급되면서 사람들이 현상을 잘 안 하니까 필름을 팔거나 현상을 하던 사진관들까지 문을 닫게 된 거야.

이처럼 불과 수십 년 동안에 사진 관련 직업만 봐도 흥망성쇠가 심했지. 현대에는 없던 직업이 생기거나 있던 직업이 사라지는 일이 많아졌다는 거야. 그래서 앞으로 한 사람이 평생 서너 가지 직업을 가져야 한다고 말하기도 하지. 그런데 사실 한 사람이 여러 직업을 가진다는 게 쉬운 일은 아니지. 그러나 의사가 하는 일은 시간이 흘러도 변함없이 필요해서 직업적 안정성이 뛰어나지. 어른들이 그런 점 때문에 자녀들한테 의사가 되라고 권하는 것 같아.

● 의사는 무척 힘든 직업 같은데 힘들다고 중간에 그만두는 사람은 없나요?

의사가 힘들다고 그만두는 사람은 거의 없다고 봐야지. 아주 드물게 의과대학을 그만두는 사람도 있긴 한데 다른 단과대학에 비하면 그만두는 사람이 아주 적은 편이야.

의과대학 공부는 다른 대학 공부에 비해서 그 분량이 많은 게 사실이고, 특히 암기에 의존하는 공부가 많아. 의학은 경험적인 학문이라서 논리로 설명되지 않는 것은 무조건 외워야 하거든. 우리 몸에 있는 뼈나 혈관을 예로 들면, 왜 이 뼈는 몇 개로 되어 있는지, 왜 뼈와 혈관이 그 자리에 있는지를 논리적으로 이해하긴 어렵다는 거지. 그래서 암기가 많은 의학 공부는 지루한 측면도 많아. 그러나 의사가 되면 사회적으로 확실한 위치를 확보할 수 있기 때문에, 중간에 포기하고 다른 길로 진출하는 사람은 극히 적다고 생각하면 돼.

● 레지던트 시절이 참 힘들다는 이야기를 들었는데요, 가장 힘들었던 점이 뭔가요?

일단은 일이 많아서 자는 시간이 줄어들지. 일이 너무 늦게 끝나는데도 아침에 일찍 출근해야 하기 때문에 육체적으로도 정신적으로도 힘들지. 환자를 진료하기도 힘들고. 또 의사들은 논문을 발표해야 돼. 의학 발달을 위해서 공부해야 하기 때문에 의사들은 '콘퍼런스'라는 것도 많이 하지. 그래서 논문 한 편씩 읽고 와서 발표하라고 해. 진료하느라 힘든데 나머지 시간에는 논문 찾아 읽고 요약해야 돼. 그런 것들이 너무 피곤하지.

레지던트 때 나는 벌써 결혼한 상태였는데 결혼 안 한 사람들은 그냥 병원에서 먹고 자면서 준비하고 일하는 거야. 나는 이틀에 한 번씩은 집에 가는 날인데, 집에 가야 애 얼굴이라도 보니까 안 갈 수가 없어서 집에 갔지. 그런데 다음날 새벽에 7시까지 병원에 오려면 일찍 일어나야 하거든. 그런 게 피곤했지. 그래서 결혼 안 한 사람이 부럽기도 하고, 여하간 육체적으로 무척 힘들었어.

● 의사들 사이에 상하 관계가 정말로 엄격한가요? 드라마에서 심한 장면들을 보았거든요.

드라마는 어디까지나 드라마이기 때문에 그런 일들이 실제 그대로 일어나지는 않아. 갈등을 크게 만들어야 드라마를 보는 사람들이 재밌어하니까 일부러 과장해서 만들지. 어떤 드라마라도 실제와는 다르다는 것을 염두에 두고 봐야 할 거야.

그런데 실제로 의사들 간에 드라마와 비슷한 일이 생기기는 해. 높은 지위에 있는 의사들이 레지던트나 아랫사람의 논문을 자기 것인 양 발표하는 일은 실제로 벌어지기도 하지. 과장이 그 과에서 이루어지는 연구에 특별한 기여는 하지 않았으면서 과장이라는 이유로 자기 이름을 넣는 경우는 꽤 많은 것으로 알려져 있지.

그리고 가끔은 특진료(지정 진료비)와 연관되어 불미스러운 일이 생길 수도 있어. 특진료란 특정 의사에게 진료를 받겠다고 요청할 때 추가로 내는 돈이야. 대학 병원 같은 곳에서는 그 의사가 벌어들인 진료 수입의 일정 부분을 의사의 월급에 더해서 주니까 자기 환자를 늘리기 위해 여러 가지 편법을 쓰기도 하지. 어떤 과장이 외래 진료를 독점해서 자기 입원 환자를 늘리면 그 환자를 진료한 진료 수입은 그 과장 앞으로 산정된단 말이지. 실제로 입원 환자를 진료할 때는 다른 젊은 의사들도 고생하면서 진료하는데, 그 젊은 의사들에게는 몫이 돌아가지 않고 말이야. 그런데 이런 일은 공정하진 않아도 불법적인 일은 아니기 때문에 바꾸기 어렵지. 그래서 불공정한 과장 밑에서 일하다 불만이 많이 쌓이는 젊은 의사는 다른 병원으로 옮기기도 해.

● 부당한 일을 참을 만큼 상하 관계가 철저한 이유가 있나요?

아마 의사의 수련 과정이 제자가 스승에게 절대적으로 복종하는 도제식으로 이루어지기 때문이겠지. 의학은 상당 부분이 경험 의학이야. 좀 어려운 말인데, 수학은 3 더하기 4는 7이라는 것이 정해져 있지. 물리학도 물건을 10미터 위에서 떨어뜨리면 바닥에 몇 초 후에 닿을지를 다 알 수 있고, 누가 떨어뜨리더라도 결과가 같지. 그러나 의학은 그렇지가 않아. 결핵균이 몸에 들어와도 사람마다 다다른 반응을 보이는데, 어떤 사람은 감기처럼 슬쩍 앓고 지나가기도 하고, 어떤 사람은 열이 나고 가래도 끓고, 기침하다가 피를 토하고 몸이 마르는 사람도 있고, 어떤 사람은 사망하기도 하는 거야. 당뇨병에 걸리더라도 사람마다 증상이 다르고, 심각성이 다르고, 합병증이 달라. 질병이 다양한 것은 사람마다 유전자가 다르고, 저항력이 다르고, 사는 환경이 다르기 때문이지.

어쨌든 인간의 질병은 매우 다양해서 간단한 수식으로 표현되지 않기 때문에 경험을 통해서 배워 나가는 부분이 아주 커. 그래서 의학은 고대로부터 스승이 제자에게 도제식으로 전수했어. 다르게 말하면 스승이 가르쳐 주고 싶지 않으면 안 가르쳐 줄 테니까 제자는 스승이 하라는 대로 따르게 돼 있다는 거지.

물론 혼자 공부하는 게 없지는 않지만, 환자를 만나서 진찰하고, 검사하고, 그 결과를 종합해서 진단을 내리고 치료하는 모든 과정에서 윗사람의 경험을 통해 배우는 부분이 많아. 혈액을 뽑는 단순한 기술에서부터, 조직 검사를 하는 숙련된 동작도 그렇고, 초음파를 보거나 수술을 하는 더 고난도의 작업까지 윗사람의 경험이 아랫사람에게 전수되는 과정이 중요하다는 거야.

윗사람이 아랫사람을 강하게 통제하는 경우는 외과에서 특히 강하다고 할 수 있는데, 외과는 과장이 수술 계획을 결정하는 경우가 많아. 즉 윗사람이 마음만 먹으면 아랫사람이 수술을 못 하게 할 수도 있다는 거지. 그래서 윗사람에게 잘못 보이면 수술도 못 하게 되니까 잘 보이려고 애쓸 수밖에 없어. 논문을 쓰든, 진료에 대한 것이든 오로지 윗분 의견을 따를 수밖에 없지.

그러나 이런 일들이 흔하다고 생각하면 안 되고, 어느 사회에나 있는 잘못된 관행이 의료계에도 일부 있다고 생각해야 할 거야. 그리고 우리 사회도 조금씩 민주화가 이루어지고 있기 때문에 점점 좋아지고 있고. 앞으로도 한 가지씩 고쳐 나가야겠지.

● 만약에 레지던트가 윗사람한테 반항하면 잘리는 거예요?

레지던트라고 해서 함부로 해고할 수는 없지. 해고하려면 그럴 만한 이유가 있어야 해. 어느 병원이나 인사위원회가 있어서, 만약에 레지던트를 해고하려면 과장이 인사위원회에 가서 그 레지던트가 의사로서 비윤리적인 행위를 했거나, 의학적으로 너무나 무능하다거나 하는 점을 입증해야 돼. 단순히 내 말을 안 듣는다는 이유로 해고시킬 수는 없지.

나도 과장으로서 레지던트 한 사람을 해고시킨 기억이 있는데, 그 레지던트가 무슨 사연 때문에 의사로서 회의를 느꼈는지 한 달간 병원 출근을 제멋대로 했어. 그래서 인사위원회에 올려서 먼저 경고를 했고, 그 뒤에도 개선되지 않아서 결국 인사위원회에서 해고를 결정하고 알렸지.

그러나 과장이 레지던트를 마음대로 해고는 못 시켜도 계속 괴롭힐 수는 있겠지. 과거에는 과장의 폭언이나 폭행을 참고 지내는 경우가 있었지만, 지금은 레지던트들도 불합리한 행동은 고발하고 병원에 문제 해결을 촉구하기도 하기 때문에 조금씩 바로잡혀 가고 있다고 봐. 불합리한 일들이 있다면, 피해자 한두 사람만 억울하게 당하지 않도록 많은 사람들이 돕고 뭉쳐서 해결하도록 노력하는 게 올바른 방향이지.

의사 사회도 예전보다 민주적인 분위기로 바뀌고 있으니까 이런 점 때문에 의사가 되기를 꺼릴 필요는 전혀 없다고 생각해.

● 매일 아픈 사람만 만나면 우울해지지 않나요?

의사도 물론 자기 환자가 낫지 않으면 우울해질 수 있겠지. 그러나 직업이기 때문에 점차 적응하게 돼. 아픈 사람을 매일 보지만 이분들을 돕는 즐거움이 있고, 환자들도 아픈 사람이기 전에 우리와 같은 사람이기 때문에 이분들과 서로 정도 나눌 수 있어. 그러니까 매일 아픈 사람들만 보기 때문에 우울해진다고 말할 수는 없을 거야.

미국에서는 의사들이 일반인보다 자살률이 두 배 높고, 여자 의사의 자살률은 일반인의 자살률보다 네 배나 높다는 통계가 있었는데, 그건 의료 소송이 많은 미국의 상황과 관련이 있다고 봐. 우리나라는 의사의 자살률이 특별히 높다는 통계가 없어.

● 환자의 성격에 따라서 의사의 태도가 달라질 것 같아요. 고집이 세거나 소심해서 자기 증상을 말하지 못하는 사람도 있을 것 같고요. 그럴 때는 어떻게 하세요?

그렇지. 우리 의사들이 일반적으로 의과대학에서 배우는 것은 환자가 무슨 병이 있다면 증상이 어떤지, CT(컴퓨터 단층 촬영)나 초음파 등 검사를 하면 어떻게 나오는지, 약을 쓰면 어떻게 되는지 등이야. 그런데 환자가 의학 서적에 쓰인 대로만 아파서 찾아오진 않지.

말하자면, 허리가 아픈 사람에게 의사가 "어디가 불편해서 오셨습니까?" 하고 물어보았다고 해 봐. 환자가 의학 서적에 쓰인 대로 "저는 몇 번 경추(목뼈)에서부터 어느 부위로 뻗치는 통증이 간헐적으로 나타나는데, 어떤 경우에 악화되고 이런 경우에 좋아집니다." 하고 일목요연하게 말해 주면 좋으련만 실제로는 그렇게 해 주지 않아. 어떤 환자들은 "제가 그날 동창회가 있어서 종로3가에서 버스를 갈아타려고 하는데 옆 사람이 밀어서 버스를 올라타다가 갑자기 허리가 뜨끔한 거예요." 한다고. 즉 환자가 중요하게 생각하는 정보와 의사가 원하는 정보가 제대로 일치하지 않는 거야. 의사가 원하는 정보를 정확하게 알아내는 것을 바로 의사의 면담술이라고 하는데, 이건 의사들이 꼭 배워야 하는 기술이지.

사실 의사소통을 하려면 모든 사람에게 면담 기술이 필요해. 부모와 자녀들 간에도 서로 말을 하지 않아서 오해가 쌓이는 경우도 있으니까 말이야. 부모는 자녀가 건방지다고 생각하고 자녀는 부모가 자기 말도 들어 보지 않고 일방적으로 자기를 대한다고 생각해서 서로 단절되는 경우도 많지. 의사와 환자 사이에서도 의사소통을 하는 데는 기술이 필요해. 의사가 환자로부터 원하는 정보를 얻어 내는 것은 대단히 중요하니까.

● 의사는 평소에도 다른 사람보다 말을 더 잘할 것 같은데, 실제로
그런가요?

환자를 만나 이야기를 나누어야 하는 직업이니까 말하는 훈련이
되는 건 사실이지. 그런데 의사 성격에 따라서 환자를 만나 말을 잘
하는 사람이 있고 못하는 사람이 있지. 어떤 의사는 타고난 성격상
환자와 얘기하는 걸 꺼리기도 하거든. 그러면 그 의사는 현미경을
보며 병을 진단하거나 연구하는 진단검사의학과 의사가 된다든지
영상의학과 의사가 된다든지, 환자를 만나지 않는 과를 선택하는
게 나을 수 있지.

임상 의사, 즉 환자를 만나서 면담하는 의사에게는 대화하는 기
법이 필요해. 그래서 환자의 말을 귀담아듣되 불필요한 얘기는 생
략하고 중요한 얘기로 빨리 접근하는 훈련이 필요하지. 말을 조리
있게 하지 못하는 환자로부터도 필요한 정보를 제한된 시간 내에
얻어 내야 하기 때문에 환자와 대화하는 훈련이 필요한 거야. 그리
고 환자는 현재 자신의 건강을 잃거나 잃기 직전이라서 매우 우울
하고 지쳐 있어. 이때 의사의 따뜻한 한마디는 정말 천금 같을 수
있으니까 말이 중요하지.

요즘 성형외과나 안과 의사들이 미용성형을 하는데, 이 의사들
이 하는 일은 어떤 의미가 있는지 생각해 봐야 해. 물론 성형수술을
원하는 사람들이 있어서 그런 수술을 하니까 의사들이 모든 책임을
질 필요는 없을 거야.

예전에 의술은 생명을 살리는 일이었는데 요즘 성형수술은 생명
과는 무관하게 더 멋있어 보이기 위해서 눈에 쌍꺼풀을 만든다든
지, 얼굴 주름을 편다든지, 광대뼈나 주걱턱을 깎는다든지, 콧날을
세우지. 그런데 이런 미용 성형수술을 하는 사람들의 논리는, 미모
에 대한 열등감으로 자신감이 없던 사람에게 수술로 자신감을 심어
주면 결국 마음까지도 고치는 것이라고 할 수 있다는 거야. 더구나
요즘은 미모 자체가 그 사람의 경쟁력이어서 사업 성공의 밑천이
되거나 더 멋진 이성과 연애와 결혼을 할 수 있는 바탕이 되니까 굳
이 피할 필요가 없다는 거지. 실제로 이런 측면이 있기도 해.

다만, 자칫 의사들이 돈을 벌기 위해 미모에 대한 열등감을 더
부추기는 것은 아닌지 걱정이고, 의학이나 의술의 근본적인 목적인

생명 존중의 정신보다 미모지상주의와 돈만 벌면 된다는 금전만능주의가 조장되지 않을까 우려하는 거지.

● 의사에게 꼭 필요한 자질이 뭐라고 생각하세요?

일단 의학이라는 학문이 간단하지는 않기 때문에 올바르게 진단하고 치료할 수 있는 지적 능력과 판단력이 필요하고, 환자의 아픔에 공감하는 감성이 필요하지 않을까 싶어.

공자의 제자가 스승에게 "평생 동안 지켜야 할 덕이 있다면 그것이 무엇입니까?" 하고 물었더니, 공자가 "그것은 바로 서(恕)라는 것이다." 하고 말했대. '서'란 '용서'라는 말에 쓰이는 글자인데, 자기가 원하지 않는 것은 남에게도 하지 않는 것을 뜻한대. 자기가 남에게 맞기 싫으면 상대편을 때려서는 안 되고 남에게 폭언을 듣기 싫으면 자기도 남에게 폭언을 해서는 안 된다는 거지. 또 내 가족이 아플 때 존중받고 싶다면 나도 남이 아플 때 존중해 줘야 한다고 할 수 있어. 성경 마태복음 25장에 "네 형제 중 지극히 작은 자에게 한 것이 곧 내게 한 것이니라."라는 말이 있는데, 자기와 가장 가까운 사람들을 존중하라는 뜻이라고 생각해. 결국 나와 내 가족에게 하듯이 남을 대하는 것이 의사가 지녀야 할 가장 중요한 덕목이라고 봐.

내가 남에게 존중받기를 원하고 나를 소중하게 생각한다면 다른 사람도 똑같이 대접하라는 거지. 그걸 실천할 수 있다면 윤리적인 의사야.

가끔 의사들이 환자와 가족에게 수술이나 치료 방법을 선택하라고 하는 경우가 있어. 그때 환자와 가족들은 좀 당황스럽지. 어떤 방법이 더 좋은지를 모르는데 의사가 결정하라고 하니까 당황할밖에. 그런 경우에 나는 그 환자와 가족들에게 이렇게 말해. 그 의사에게 "당신의 어머니가 똑같은 상황이라면 어떤 치료를 하시겠어요?"라고 물어보라고. 그 의사가 대답하는 대로 따라서 하라고 조언하고 있어.

_3_
진료하다가 어려움이 생기면
어떻게 하나요?

● 진찰하다가 병명을 잘 모르겠다 싶으면 어떻게 하세요?

진찰하다가 병명을 모르는 건 흔히 있는 일이지. 환자가 머리가 아파서 왔다고 해서 보자마자 "아, 이런 병이에요." 하고 확신을 갖고 말하는 일은 별로 없거든. 그 사람의 증상을 자세히 들어 봐야 하고 때로는 진찰을 해야 하고, 그래도 알 수 없을 때는 혈액검사나 방사선검사를 해야 하겠지. 그러나 검사만으로 모든 진단이 나오지는 않기 때문에 시간을 두고 경과를 관찰해야 하는 경우도 있고, 때로는 의사도 끝내 병명을 모르는 상황에서 환자가 저절로 좋아지는 경우도 있지.

어떤 병을 의심해서 진찰을 하고 검사를 다 했는데도 예상하던 병이라는 확실한 증거가 안 나타나면 그 병에 대해서 잘 아는 의사에게 의뢰하는 것이 순서라고 할 수 있지. 사실 의료가 워낙 전문화되다 보니 모든 병을 아는 의사는 없기 때문에, 자기가 잘 모를 때는 가장 적절하다고 판단되는 의사에게 보내는 게 좋아.

약 2400년 전에 그리스에 살았던 히포크라테스도 그 유명한 히포크라테스 선서에서 말하기를, 자신은 결석(結石)이 있는 환자는 치료하지 않고 그것을 잘 고치는 의사에게 보내겠다고 했대. 그러니 적절한 동료 의사에게 보내는 일은 환자를 보호하는 점에서도 필요하지. 가장 큰 잘못은, 알지도 못하면서 치료한다고 하다가 잘못된 진단으로 환자가 고생하게 하거나, 자기가 잘하지 못하는 수술이나 치료를 하다가 환자의 건강을 해치거나 때로는 생명까지 잃게 하는 일이야.

● 오진을 한 경우 의사는 어떻게 되나요?

글쎄, 오진 때문에 환자가 엉뚱한 약을 먹거나 엉뚱한 시술을 받아서 큰 피해를 입는다면 의료진은 최악의 경우 소송당할 각오까지 해야겠지.

그런데 오진에도 너무 얼토당토않은 진단에서부터 정확한 진단과 크게 차이가 나지 않는 진단까지 범위가 다양해. 결국 그 오진 때문에 환자가 얼마나 심한 피해를 입었는지가 중요한 측면이라고 할 수 있지.

● 수술할 때 환자 뱃속에 실수로 수술 도구를 남겨 놓는 경우도 있 어요?

그런 경우도 있지만 정말 드물어서 나도 직접 본 적은 없어.

수술 도구나 거즈가 뱃속에 들어 있으면 이게 염증을 일으켜서 문제가 돼. 환자가 수술한 후에 배가 아프다고 계속 호소하면 이상 하다고 생각해서 다시 수술하게 되는데, 배를 열어 보니까 거즈나 가위 같은 것이 들어 있는 거지. 수술하다가 의사가 가위를 뱃속에 서 찾아내면 "아니, 내가 찾던 가위가 여기 있었네. 한참 찾았잖 아." 하면서 다시 쓸 수 있지 않겠어?(모두 웃음)

사실 이런 일은 지금 해외 토픽에나 등장할 정도로 드문 일이 됐 어. 이렇게 된 건 체계적인 노력 덕분이야. 수술실에서는 배를 열고 수술할 때 피를 닦아 내려고 거즈를 쓰는데 그때 쓴 거즈의 수를 다 세어 놓고, 수술 끝난 뒤 수술실에 있는 거즈를 세어서 사용한 거즈 의 수와 완전히 일치해야만 배를 닫아. 이걸 거즈 카운트(gauze count)라고 불러. 어떤 경우에는 거즈 하나가 확인되지 않아서 30

분씩 찾기도 해. 수술용 가위나 메스 같은 것도 마찬가지로 정확히 수를 세어서 완전히 일치할 때 열었던 수술 부위를 닫지.

과거에 사고가 일어났을 때 이것을 어떻게 하면 예방할 수 있을까 하고 고민했기 때문에 좋은 방법이 나온 셈이지. 결국 의학의 발달이라는 것은 아주 사소한 데서 시작되는 거야.

요즘 체계가 제대로 갖춰진 병원에서는 그런 실수가 거의 안 일어나지. 큰 병원에서는 이런 절차들이 아주 체계적으로 자리 잡아서 거즈 보는 간호사, 장비 보는 간호사가 다 따로 있기 때문에 각자 자기 일만 제대로 하면 사고가 거의 안 생겨.

● 수술 중 환자가 죽으면 의사의 기분은 어떤가요?

예전에는 수술하다가 환자가 죽는 일이 아주 많았고, 수술한 뒤에 바로 환자가 죽는 일도 아주 흔했어. 예전에는 수술할 때까지도 환자 상태를 완전히 파악하지 못하고, 일단 배나 가슴을 열어 상태를 보면서 어떤 수술을 할지 결정해야 하는 경우가 많았거든. 그런데 지금은 상황이 달라. 첫째, CT나 MRI(핵자기 공명 장치)나 초음파 같은 영상 의학 기술이 워낙 발달해서 수술하기 전에 어떤 수술을 해야 하는지를 모두 결정하기 때문에 예기치 않은 수술을 하는 일은 거의 없고, 둘째, 환자가 수술 받아야 하는 문제 말고도 심장 문

제라든지 간 기능 이상이나 폐의 질병이나 당뇨병 등 다른 병이 있을 수 있어서 예전에는 수술하러 들어갔다가 원래 계획한 수술은 성공했지만 다른 문제로 환자가 사망하는 일들이 있었는데 지금은 수술 들어가기 전에 다른 신체적인 이상이 없는지 모두 확인하고 들어가기 때문에 아주 안전한 상태에서 수술에 들어가고, 셋째, 마취술 자체가 워낙 발달해서 안전하게 마취해 주니까 지금은 수술실에서 환자가 사망하는 경우가 극히 적어졌지. 달리 표현한다면, 수술 자체가 엄청나게 안전해지기도 했고, 다른 한편으로는 수술하다가 죽을 것 같은 위험한 환자는 아예 수술 자체를 안 하기 때문에 수술하다가 환자가 사망하는 일은 극히 적어졌다고 말할 수 있어.

하지만 이렇게 의학 기술이 발전했어도 환자가 수술 도중 죽는 일이 있어. 수술하면 죽을 확률이 상당히 높은 줄 알면서도 수술을 안 할 수 없는 경우가 있지.

예를 들어, 심장에 연결된 대동맥이 찢어져서 출혈이 심한 환자의 경우, 그 사람을 살리기 위해서는 응급수술 말고는 방법이 없거든. 살 확률은 10퍼센트이고 죽을 확률이 90퍼센트일 때, 수술 말고는 환자를 살릴 다른 방법이 없고 10퍼센트라도 살릴 확률이 있다면 의사는 수술하러 들어갈 수밖에 없지 않겠어. 그런 경우에 환자가 수술 도중에 사망해도 어쩔 수 없겠지. 또 환자가 왔는데 검사해 보니 벌써 병이 상당히 심해서 수술을 해도 죽을 확률이 꽤 높은 거야. 그렇지만 가족들에게 설명을 다 한 후 환자를 살릴 약간의 가능성에 기대를 걸고 가족 동의를 얻어 수술을 하는 경우도 있어. 이때는 어느 정도 죽음을 예측할 수 있으니 충격이나 죄책감도 크지 않아. 그런데 예측하지 못한 상황에서 환자가 갑자기 죽으면 충격이 크지.

● 환자가 죽으면 소송에 걸리는 일이 많아요?

환자가 죽거나 수술을 했는데도 좋아지지 않거나 악화된다면, 소송에 걸릴 가능성이 있지. 특히 환자가 죽으면 의사가 잘못하지 않았나 하고 일단 의심할 수도 있겠지. 그래서 환자가 왜 죽었는지 알아보다가 의사에게 묻기도 하고 따지기도 하겠지. 그러다가 의사에게 과실이 있는 것 같으면 환자와 가족들은 변호사에게 사건을 맡겨서 소송을 걸어. 이때 의사의 과실을 입증해야 하는데, 의료에는 100퍼센트 확실한 게 없다는 점이 소송을 어렵게 해.

예를 들어, 세계 최초로 만들어진 항생제인 페니실린을 주사로 줄 때 2만 명에 한 명 정도 쇼크로 사망하지. 그런데 누구한테 그런 일이 생길지 예상하기는 어렵거든. 그리고 쇼크가 생긴다고 해서 의사가 잘못한 것은 아니지. 또 다른 예로, 수술을 위해 마취할 때 할로테인이라는 약을 사용하는데, 극히 드물게 그것 때문에 간이 급격히 파괴돼 사망하는 일이 생겨. 환자는 마취 때문에 생명을 잃는 피해를 입었지만 그래도 이건 의사 잘못이 아니지.

의료사고를 당한 환자와 그 가족이 소송에서 이기려면 의사의 과실을 입증해야 하는데 이 과정이 쉽진 않아. 거듭 말하지만 의료에는 우연한 일이 너무 많거든. 똑같은 약을 먹고도 누구는 치료가 잘 되어서 의사에게 고맙다고 인사하고 퇴원하는데 누구는 도리어 부작용이 생겨 치료를 안 한 것만 못한 경우도 있지. 의료 과정에서 환자가 피해를 입었는데 의료진의 과실이 아니라고 해 봐. 그렇더라도 환자나 그 가족이 의료진을 원망하는 경우도 있어.

재판 과정에서 의사와 환자 사이에 이런 공방을 하게 되는데, 의료에는 불확실한 부분이 많고 다양한 결과가 나타나기 때문에 의사의 과실 입증은 쉬운 일이 아니야.

한편 의사가 과실을 범했다는 게 입증되면 가족들은 환자의 죽음으로 생긴 피해를 보상받고, 만약 환자가 장애인이 됐다면 그 피해를 돈으로 계산하지. 그런 피해를 돈으로 계산하는 방법도 다 정해져 있어. 예를 들어서, 한쪽 손을 못 쓰게 됐다면 그 손을 못 쓸 때 노동력 상실이 얼마인지를 계산하지. 오른손잡이인 테니스 선수가 오른손을 못 쓰게 됐다고 해 봐. 이 사람 나이가 35세이고 테니스 선수의 정년이 50세라고 하면 15년 동안 일을 더 할 수 있는 사람이잖아? 그런 식으로 그 사람의 1년 평균 수입을 계산해서 15년 동안 벌 수 있는 만큼의 돈을 환자 측에 지급하는 거지.

_4_
의학과 의료 제도에 대해 알려 주세요

● 히포크라테스 선서는 어떤 것인가요? 의사들이 실제로 지키고
있나요?

지금으로부터 약 2400년 전 히포크라테스라는 의사 집안이 있었
어. 옛날에는 집안 대대로 의사를 하는 일이 있었는데 히포크라테
스 집안이 그랬던 거야. 그런데 다른 집안 사람이 의사 일을 배우고
싶다고 오는 경우, 그 사람을 학생으로 받을 때 히포크라테스 선서
를 하도록 했다고 해. 선서에는 자기 스승에게 잘하도록 요구하는
내용이라든지 스승과 그 가족을 돌보라는 내용이 있었지. 이렇게
당시의 특수성에서 나온 내용과 함께 좀 더 보편적인 내용도 있었

어. 환자들이 원해도 독약을 주지 않겠다, 환자를 돌보러 갔을 때 환자나 가족들을 능욕하지 않겠다, 이런 윤리적인 것들이 있었거든. 여러모로 의사들이 기본적으로 지켜야 할 훌륭한 내용이 있었어. 이런 기본을 지켰기 때문에 2000년 넘게 히포크라테스가 존경할 만한 의사로 기억되는 거지.

그런데 당시의 히포크라테스 선서는 현대에 잘 들어맞지 않는 부분이 있어. 2000년 넘은 옛날 이야기니까. 히포크라테스 선서는 "나는 치료의 신 아폴론과 아스클레피오스와 히기에이아와 파나케이아와 모든 남신과 여신 들에게 맹세하노라.", 이런 식으로 시작돼. 그 시대 사람들은 모두 신을 믿었기 때문에 아폴론, 아스클레피오스, 히기에이아와 파나케이아, 그 밖의 모든 남신과 여신의 이름을 걸고 선언했는데, 벌써 시작부터 현대랑 차이가 있지.

그래서 1948년 제네바에서 히포크라테스 선서를 현대화해서 발표했어. 현재 우리가 일반적으로 히포크라테스 선서라고 알고 있는 것은 바로 1948년 제네바 선언이지. 의과대학에 가면 히포크라테스 선서가 새겨진 돌이 있는데, 거기에는 "나의 생애를 인류 봉사에 바칠 것을 엄숙히 서약하노라. 나의 환자의 건강과 생명을 첫째로 생각하겠노라. 인간의 생명을 수태된 때로부터 지상(至上)의 것으로 존중히 여기겠노라." 이런 문장들이 담겨 있어.

그런데 현대 의학은 지금도 계속 발전하고 있어. 1948년에는 장기이식이라는 게 없었는데, 지금은 장기이식도 있고 다른 생명 연장 장치들이 많이 생겨서 환자가 의식을 잃더라도 며칠간은 살게 할 수 있지. 이때 어떻게 하는 것이 올바른지에 대한 고민은 제네바에서 정한 히포크라테스 선서에 담겨 있지 않아. 왜냐하면 당시에는 그런 상황 자체가 없었거든. 그래서 좀 더 분화해서 현대 의료 문제에 걸맞은 윤리 강령을 마련해야 한다는 요구가 있어. 윤리 선언은 의학이 발전함에 따라서 그에 맞게 언제든 새롭게 개정할 필요가 있다는 거지.

히포크라테스 선서를 실제로 지키는지를 물었는데, 히포크라테스 선서는 우리 이상으로 삼는 것이기 때문에 지킨다 안 지킨다를 말하기는 어려워. 지키려고 노력해야 한다고 말해야겠지. 이를테면 생명을 존중하는 의사와 존중하지 않는 의사가 딱 갈라지는 건 아니거든. 생명을 존중하려고 좀 더 노력하는 의사와 좀 덜 존중하는 의사가 있을 것이고, 어떤 경우에는 평생 존중하며 살다가 어느 순간에 실수나 잘못을 저지를 수도 있잖아. 그러니까 의사는 히포크라테스 선서를 지키도록 늘 노력해야 하는 셈이지.

● 치료의 효과가 있는지는 어떻게 확인하나요? 치료 효과를 속이는 비윤리적인 경우도 있다고 들었어요.

요즘 모두 키에 관심이 많으니 키 크는 약을 예로 들어서 이야기 해 볼까? 키 크는 약은 어떤 근거로 만들었을까? 또 환자는 그 약이 효과가 있다는 걸 어떻게 알 수 있을까? 만약 약 먹으면서 2년 동안 6센티미터 컸다고 해 봐. 그 약은 효과가 있다고 말할 수 있을까? 성장기에는 누구나 약을 안 써도 키가 크잖아. 그럼 그 약이 효과가 있다는 것을 과연 어떻게 알 수 있을까? 환자에 따라 효과가 있을 수도 있어. 성장호르몬이 부족한 사람에게는 성장호르몬이 꼭 필요한 약이고 효과가 있지. 그렇지만 키가 작은 사람 중에서 성장호르몬이 부족한 사람은 사실 아주 적은 편이야.

의사가 키 크는 약이라고 환자에게 줬던 약이 사실 가짜라고 해 보자. 의사가 약이 가짜라는 걸 알면서도 돈 벌고 싶어서 사람들에게 키 크는 약이라고 속여서 판다면 일종의 사기를 치는 셈이지. 만약에 효과가 없는 약을 진짜 약이라고 믿어서 처방한다면 의사로서 자격이 없는 경우고. 그렇다면 의사가 자기가 쓰는 약이 효과가 있다는 걸 알려면 어떤 방법을 쓰는 게 좋을까? 한 학교 아이들을 둘로 나누어서 한 집단에는 키 크는 약을 2년 동안 계속 먹이고, 다른 집단에는 약을 안 먹이며 2년을 보낸 후에 두 집단의 키를 비교할 수 있지. 이 실험에서는 처음 두 집단으로 나눌 때 각 집단의 평균 키라든지, 부모의 경제적 수준이라든지 식습관 같은 것에 큰 차이가 없어야 해. 그래야 혹시라도 2년 뒤의 결과가 다른 변수에 의한 차이가 아니라 오로지 약에 의한 차이라고 말할 수 있지.

그런데 이 문제를 좀 더 깊이 생각해 봐야 해. 만약 2년 후에 보니 키 크는 약을 먹은 집단의 평균 신장이 실제로 3센티미터 정도 크다면 그 약은 효과가 있다고 생각할 수 있을 것 같지? 그런데 여기서 끝이 아니야. 왜냐하면 그 약을 먹고 정말 평균보다 3센티미터 커졌다고 해도 사실 최종 결과까지 봐야만 효과가 있다고 말할 수 있다는 거지. 성장호르몬 주사를 맞으려면 1주일에 두세 번씩 병원에 와서 주사 맞기를 2, 3년 동안 하기도 해. 성장호르몬이 단기적으로는 아이의 성장을 촉진해서 성장기에는 키가 약간 커지는가 싶었는데 성장판이 일찍 닫혀서 나중에 스무 살쯤 되어 비교해 보니 결국 성장호르몬을 쓰지 않았을 때의 키와 똑같을 수 있어. 그 경우에 일시적으로는 키가 크는 것으로 착각했는데, 그 고생을 다 하고도 최종 결과가 똑같다면 얼마나 실망스럽겠어. 이렇다면 그 약은 권할 수가 없겠지.

어떤 약이든 이렇게 엄격한 검증 과정을 거쳐서 단기 효과와 장기 효과를 모두 판정해야만 의학이 건강하게 발전할 수 있어. 지금 흔히 쓰는 약이나 간단해 보이는 의술도 모두 오랫동안 이와 비슷한 검증을 통해서 치료의 효과를 확인한 거야. 또 의학이 발전하면 먼저 있던 치료 방법보다 더 좋은 방법이 개발되기도 하고.

중요한 얘기니까, 또 다른 예로 성형수술을 들어 볼까. 20대 때

코를 세워서 멋있어졌다고 해 보자. 그런데 마흔 살쯤 되니 수술 부작용이 생겨서 콧날이 비뚤어졌다면, 그래서 수술 뒤 수십 년을 비뚤어진 코 때문에 고생한다면 그 수술을 권할 수는 없겠지. 마이클 잭슨도 성형수술 부작용 때문에 얼굴이 엉망이 됐다고 소문이 났잖아. 그래서 단기 효과도 중요하지만 장기 효과를 보는 것도 중요해.

당뇨병은 당분을 분해하는 효소인 인슐린이 부족한 병이지. 그래서 인슐린을 주사하면 당뇨병이 치료되는데, 사람의 인슐린은 구하기 어려우니까 그것과 가장 비슷한 돼지 인슐린을 쓰게 됐어. 그러나 아무래도 돼지 인슐린이 인간 인슐린만은 못하겠지. 그때 돼지 인슐린이 어느 정도 효과가 있으며 부작용은 어떤 것들이 있는지를 명확하게 기록하는 과정이 필요해.

단순히 돈벌이만 좇아서 돼지 인슐린에 심각한 부작용이 있어도 숨기고 마치 인간 인슐린과 비슷한 것처럼 속이면서 판매에만 급급하다면 의학이 발달할 수 있을까? 사실을 숨긴다면 그때는 의학이 절대 발전하지 못하지. 돼지 인슐린이 실제로 어떤 부작용이 있다는 걸 정확하게 파악하고 이를 극복하기 위해 더 좋은 약이 없을지를 고민하는 과정에서 의학이 발달해 가는 거야. 정직한 기록에서 의학 발전이 시작되는 거지. 부작용이 많은 결과를 감추고 조작하면 의학도 발전을 못 하지만 심지어는 그 약의 부작용 때문에 죽거나 다치는 사람이 생기면서 사회적 피해가 크겠지. 치료의 효과를 알아보는 데는 이렇게 의학의 중요한 윤리적 문제가 들어 있어. 현재는 당뇨 환자 자신의 인슐린을 유전자로 재조합해서 만들기 때문에 돼지 인슐린을 쓸 필요가 없으니 그 문제는 해결했지.

● 의사 처방을 따랐다가 효과가 없으니까 환자가 고소를 했어요.
  그러면 의사는 처벌을 받아요?

그건 사건에 따라 다르지. 일종의 의료 과실에 해당하느냐, 아니냐 하는 질문인데…… 앞에 말한 것처럼 의사가 효과가 없다는 것을 알면서도 환자에게 속이고 그렇게 처방했다면 일종의 사기일 테고, 효과가 있는지 없는지 모르고 처방했다면 의사로서 자격이 없는 사람이겠지.

옛날 사람들 얘기를 해 볼까. 옛날에는 효과 있는 치료라는 것이 거의 없었어. 지금부터 200년 전까지는 거의 그랬다고 보면 돼. 예를 들어, 예전에는 결핵이라는 병으로 죽는 사람들이 무지 많았거든. 그런데 결핵 치료를 어떻게 했는지 알아? 서양에서는 환자들의 피를 뽑는 치료를 했어. 한자어로 '사혈'(瀉血)이라고 하지. 정맥에서 피를 뽑으면 결핵을 치료할 수 있다고 생각해서 피를 한 종발 정도씩 뽑는 거야.

물론 치료가 되지는 않아. 그런데 결핵이라는 건 자연치료가 있을 수 있기 때문에 그중 일부는 살아남고 자연치료가 안 된 나머지는 죽었지. 하지만 그때는 다른 치료 방법을 몰랐고, 오로지 알던 방법이 피 뽑는 거야. 히포크라테스도 환자들에게 사혈법을 썼지.

그러다가 어떤 프랑스 의사가 '이게 정말 효과가 있는 것일까?' 하고 의심하기 시작했어. 이 의사는 입원한 결핵 환자들 중 피 뽑은 사람과 안 뽑은 사람의 경과를 비교해 봤어. 결국 피를 뽑으나 안 뽑으나 별 차이가 없다는 것을 알게 됐지. 이를테면 피를 뽑은 사람들 100명 중에 30명쯤 죽었다고 치면, 피를 안 뽑은 사람들도 100명 중에 30명쯤 죽었다는 거야. 치료 효과가 없다는 것이지. 이 사실을 알고 맨 처음 발표한 사람이 루이라는 프랑스 의사야. 다른 의사들은 루이가 의사들의 치료 방법을 모독한다고 비난했지. 그러나 어쨌든 루이의 발표를 통해서 사혈이라는 게 효과가 없을지도 모른다는 걸 세상 사람들이 처음으로 알게 됐어. 비록 새로운 치료법을 발견하지는 못했지만 수천 년간 해 온 치료가 효과가 없을 수 있다는 점을 처음 밝혀냈으니 루이는 위대한 의사야.

피 뽑기가 소용없다는 루이의 발표 덕분에 사람들은 결핵 치료를 위해 새로운 방법을 찾게 됐지. 만약에 의사들이 사혈법이 효과가 있다고 계속 믿었다면 새로운 방법을 찾을 수 없었을 거야. 비록 처음에는 충격이 있겠지만, 기존 치료법에 효과가 없다는 걸 앎으로써 새로운 치료법을 찾기 위한 노력이 시작되는 거야.

● 해부용 시체는 어떻게 구하나요? 해부할 때 재미난 일이 있었다면 들려주세요.

옛날에는 무덤을 파서 몰래 해부용 시체를 가져온다는 말이 있었어. 실제로 중세에는 해부 자체가 금지되었으니까 그런 경우가 있었지. 예를 들어, 레오나르도 다빈치가 해부를 했다는데, 당시에 해부가 금지되어 있었으니까 아마도 사형수들의 시체를 얻어서 비밀리에 해부한 것 같아. 다빈치는 의사도 아닌데 왜 해부를 했을까? 인체의 신비를 알고, 그림을 그릴 때 좀 더 사실적으로 그리기 위해서 그랬지. 해부를 해서 뼈·근육·관절의 모양, 몸의 구조 등을 관찰한다면 그림을 그릴 때도 인간의 윤곽이나 모양을 더 정확하게 묘사할 수 있지 않겠어. 그래서 해부를 해 본 거지. 다빈치는 심지어 임신한 여자의 뱃속에 아이가 어떻게 있는지에도 관심을 가졌다고 해. 태아를 관찰하고 자세히 그림으로 남겨 놓았어. 임신한 여자의 시체를 어떻게 구했는지는 모르겠는데, 어쨌든 그걸 구해서 해부해 본 거야.

지금은 시체를 몰래 구하는 일은 절대 없어. 기증 받거나 연고자 없이 죽은 사람들 시체를 해부하는데, 시신에 대해 예를 갖추고 절차를 밟아 진행하는 거야. 해부학 교수들이 자신들이 사망하면 시신을 해부용으로 기증하겠다고 서약한 적이 있을 정도로 의대에서 해부용 시신이 부족하다는 말을 듣기도 했어.

내가 의과대학에 다닐 때는 여덟 명당 시체 한 구를 해부했어. 시체를 하나 놓고 양쪽에 네 명씩 총 여덟 명이 한 조로 실습을 하지. 사람의 몸이 대칭이라서 양쪽에 똑같이 있는 게 여럿이니까 네 명씩 한 쪽을 맡는 거야.

예전에 우리 의과대학에서는 성씨별로 조를 나누었거든. 가나다 순으로 조를 짜고 조씨 조가 팔다리를 해부하고 있는데, 갑자기 그 시신의 가족이 나타났다는 거야. 연고자가 경찰에 실종자 신고를 했는데 뒤늦게 연결된 거지. 이미 팔다리 해부가 끝나서 시신이 엉망인 상태였는데, 가족들이 시체의 신원을 확인해서 가져갔지. 그래서 조씨 조는 실습을 하다 말고 뿔뿔이 다른 조에 흩어져서 실습한 기억이 있어. 우리야 실습에 불편을 받은 정도였지만 그 가족은 해부된 가족의 시신을 보고 얼마나 충격을 받았을까 생각하게 만든 사건이었지.

해부가 끔찍하다고 생각할 수 있는데, 한참 해부에 몰두하다 보면 자기가 실습하는 시체와 친해지는 느낌이 들기도 해. (웃음)

● 식물인간이 되는 것과 뇌사는 어떻게 달라요?

분명히 다른 거니까 구별해야 해. 식물인간은 생각은 있는데 표현을 못 할 뿐이야. 몸을 움직이지 못하고 팔다리를 못 쓰는 거지. 식물인간 중에서는 극히 드물긴 해도 깨어나는 사람이 있다고 해.

그런데 뇌사는 아예 생각을 할 수 없는 상황, 심장과 폐는 움직이는데 뇌가 죽어서 생각을 못 하는 상황이야. 뇌사에서 깨어날 수는 없고 며칠 안에 죽을 게 확실한 상태지.

현재 대한민국 법으로 뇌사 상태는 법적으로 사망했다고 인정해. 뇌가 죽어서 생각은 못 하는데 심장과 폐, 간 등 다른 장기는 살아 있고 혈액순환이 되는 뇌사 상태라면 환자의 생명을 더 연장하지 않아도 되는 거지. 의학적으로 뇌사는 거의 죽은 상태고 살아날 가망이 전혀 없어. 이런 경우 환자 본인의 서약이나 가족의 동의가 있을 때는 다른 사람에게 장기를 기증하기 위해 수술할 수도 있지. 본인이 "나는 뇌사 상태에 빠지면 장기를 기증하겠다."고 평소에

서약을 해 놓았다거나 가장 가까운 가족이 장기 기증 의사를 밝히는 경우, 의사가 수술을 할 수 있어.

사실 교통사고나 다른 사고 때문에 아주 갑작스럽게 뇌사 단계에 이르는 사람이 많기 때문에 평상시 장기를 기증하겠다는 서약을 써 놓은 경우는 거의 없어. 얼마 전에 최요삼이라는 권투 선수가 경기 중 쓰러져서 병원에 갔는데 뇌사가 됐거든. 가족이 장기를 기증하겠다고 동의해 주었기 때문에 수술하게 됐지만, 엄밀하게 말한다면 최요삼 선수가 동의한 것은 아니지. 그러나 가족들이 최요삼 선수의 평소 태도로 미루어 볼 때 이런 경우라면 장기 기증을 했을 것이라고 대신 판단해서 기증하는 거야.

만약 완전히 숨이 멎은 뒤 장기를 꺼내면 장기가 손상돼서 이식을 해도 성공률이 떨어져. 그러니까 뇌사가 일어나 더는 회복할 수 없는 경우에, 뇌는 죽었지만 아직 피가 잘 돌 때 장기가 잘 보존된 상태에서 수술하자는 뜻에서 뇌사를 인정하는 거야.

장기를 이식할 때는 조심할 일이 참 많아. 예를 들어, 내가 서울에서 간을 떼어 냈는데 간을 받아야 하는 환자는 광주에 있다고 해 봐. 그러면 서울에서 광주까지 운반해야 할 것 아냐. 혈액에 가장 가까운 상태로 보존액을 만들어서 거기에 장기를 집어넣으면 상하지 않고 보존이 되지. 이런 상태로 장기를 운반해 다른 환자의 생명을 살리는 거야.

● 안락사에 대해서 어떻게 생각하세요?

안락사는 기본적으로 환자를 위한 것일 때 안락사라고 할 수 있어. 환자를 돌보기 귀찮으니까 죽게 한다면 안락사가 아니라 살인에 불과하지. 환자의 고통을 없애기 위한 방편으로 죽음을 선택할 때 안락사라고 불러.

안락사에는 크게 두 가지가 있어. 하나는 환자에게 밥이나 영양을 따로 주지 않아 저절로 죽게 하는 것인데, 이를 소극적인 안락사라고 하지. 또 하나는 편히 죽도록 약을 쓰는 것인데, 적극적인 안락사라고 해. 다시 말해, 죽음을 재촉하는 약을 쓰면 적극적 안락사, 생명이 연장되지 않도록 영양을 끊는 것은 소극적 안락사지.

우리나라에서는 적극적인 안락사는 허용되지 않고 현행법에도 살인 행위로 돼 있어. 그러니까 만약 적극적인 안락사를 위해 의사가 약을 주입했다면 살인죄로 고발되겠지. 하지만 소극적 안락사는 허용하자는 의견이 꽤 많아.

산소호흡기를 통해 생명을 연장하는 경우를 생각해 볼까. 산소호흡기를 뽑음으로써 죽게 할 수도 있지. 무작정 현대 의학 기술의 힘으로 생명을 연장하는 것만이 최선은 아니니까, 이런 경우 환자의 의지가 무엇인지를 잘 알아야 해. 환자가 산소호흡기로 연명하는 거라도 괜찮으니까 살고 싶다고 하면, 계속 생명을 유지해야지.

현대 의학이 발달해서 인간이 거의 사망한 상태에서도 며칠 또는 몇 달 동안 인공적으로 호흡을 유지시키고 링거에 의존해서 영양분도 공급할 수 있는데, 그런 고통스러운 과정을 통해 생명을 며칠이나 몇 달 연장하는 게 과연 인간의 행복일까? 과연 그런 일이 인류의 행복을 위해서 필요할까? 혹시 그것이 인간을 불필요하게 고통스럽게만 하고, 품위 있는 죽음을 맞이할 권리를 빼앗는 것은 아닐까? 이런 의견들이 있어서 최근에는 대한의사협회도 의미 없는 연명 치료는 중단하자고 주장하고 있지.

● 앞으로 로봇이 수술을 한다고 하던데, 그러면 외과 의사는 설 자리가 없어지는 거예요?

로봇은 일종의 기계에 불과해. 예를 들어 볼까? 뇌 속에 핏덩어리가 있다고 하자. 옛날에는 그 핏덩어리 있는 데까지 뇌를 열고 들어가야 했어. 그런데 지금은 컴퓨터 촬영 등을 통해 핏덩어리의 위치가 어디인지를 알 수 있지. 그래서 바늘 같은 걸로 그 부위를 찔러서 피를 뽑아내지. 그러면 환자 몸의 손상이 최소화될 것 아냐. 옛날에는 머리뼈를 갈라서 뇌로 들어가는 동안에 신경세포들이 많이 상했는데, 지금은 작은 바늘만 하나 들어가서 피를 뽑아내니까 세포의 손상은 훨씬 줄었지.

만약 로봇이 "이 환자는 간이 이런 상태니까 이렇게 수술해야지." 하고 혼자 알아서 판단하고 수술한다면 물론 의사는 설 자리가 없겠지. 그런데 의사가 손으로 직접 하지 않을 뿐, 실제로 로봇을 조종하는 건 바로 외과 의사거든. 어떤 수술이 필요한지 판단하고 결정할 능력이 있는 의사가 로봇을 조종할 실력을 키운다면 로봇 전문 외과 의사가 될 수 있겠지.

사람 손에는 물리적인 한계가 있기 때문에 아주 미세한 좁은 공간에는 들어갈 수 없어. 이 공간에 로봇의 팔이 들어가서 수술한다면 수술이 더 원활하게 진행되겠지. 그러나 그 로봇을 조종하는 것은 역시 사람이야. 로봇 수술이라는 것은 결국 좀 더 정교한 도구인 로봇을 이용해서 사람이 하는 수술이야. 중요한 것은 인간이 내리는 의학적 판단이지. 어디에서 무엇을 어떻게 해야 한다는 걸 판단하는 게 가장 중요해.

● 요즘 병원이 너무 이윤 추구에 매달린다던데 정말 그런가요? 의사들도 일과 돈벌이가 쉬운 쪽에만 몰린다고 들었어요.

그런 측면이 당연히 있지. 병원도 경영을 해야 하기 때문에 손실이 너무 크면 병원 문을 닫아야 하니까 수익에 관심을 갖는 것은 당연한 일이야. 물론 정당하게만 번다면 돈을 버는 것이 나쁘지는 않지만, 내 생각에 의사라는 직업은 결국 생명을 살리는 기쁨과 보람이 핵심이라고 생각해.

흉부외과를 예로 들어 볼까. 흉부외과에서는 심장 수술처럼 사람의 생명에 직결된 수술을 많이 하는데, 일이 너무 고생스러우니까 새롭게 의사가 되는 사람들이 별로 지원을 안 한다는 거야. 그렇다고 해서 의사들에게 고생 좀 하라고 무작정 요구한다고 해결되진 않겠지. 흉부외과 같은 경우에는 국가에서 이런 의사가 필요하다고 생각하면 지원을 해서 육성해야 한다고 봐. 단순히 의사들에게 희생정신을 가지라고 요구하기보다는 제도적·국가적 지원이 필요하지. 이를테면 다른 과 레지던트 월급이 200만 원일 때 흉부외과 레지던트들은 300만 원을 준다든지 하면 해결될 수도 있겠지. 하여튼 필요하다면 제도를 바꿔야지, 그냥 의사들에게 희생을 요구한다고 해서 될 일은 아니야.

또 한편으로 생각하면 이런 면도 있어. 만약 현재 의사들이 국가에서 장학금 받아서 의사가 됐다면 국가가 의사들을 관리할 수 있겠지. 하지만 지금은 자기가 돈 내고 의과대학에 가서 공부하거든. 그러니 국가에서 관리하거나 요구하는 것에 대해서 의사들이 무조건 동의할 리 없어. 국가가 그렇게 요구할 권리도 없는 셈이고. 따라서 의사 개인의 희생을 강요하기 이전에 국가에서 의료에서 필요한 부분을 체계적으로 지원해야 한다는 거지.

● 암에 걸려서 많이 아픈 환자가 실려 왔는데 가난해서 치료비를 내기 힘들어요. 이런 환자도 병원에서 치료해 줘요?

병원에서 돈 없는 사람을 치료해 주냐는 거지? 좀 어려운 문제인데, 대체로는 안 해 준다고 봐야지. 만약 환자가 수입이 하나도 없는 아주 가난한 사람이라면 국가에서 의료비를 대 줘. 그런데 극빈층보다는 조금 나은 계층은 실제로는 형편이 어렵지만, 국가에서 다 의료를 보장해 주지는 않아. 그래서 이런 분들이 어떤 경우에는 극빈층보다 더 힘들게 지내기도 해.

또 국가에서 완전히 의료비를 대 주는 환자의 경우에도 어려움이 있어. 왜냐하면 이 사람들이 입원해야 할 때 1인실이나 2인실, 3인실은 비용이 너무 비싸니까 6인실을 희망하거든. 6인실은 기본 비용만 내기 때문에 환자는 좋지만 병원으로서는 1인실, 2인실, 3인실에 입원시키면 이득이 많이 남으니까 환자들을 이런 병실에 두고 싶어하지. 결국 병원에서는 6인실은 많이 만들지 않으려고 하겠지. 결국 가난한 사람들은 입원하려고 해도 자리가 없어서 못 하는 일이 생기지. 그런데 돈이 많은 사람은 돈이 많이 들어도 병을 치료하는 게 더 중요하니까 1인실, 2인실에라도 입원하겠지. 예를 들어,

6인실에 입원하려면 방이 없어서 한 달을 기다려야 하고 1인실 입원은 그날이라도 할 수 있다고 한다면, 결국 돈이 없는 사람은 6인실에 자리가 날 때까지 한 달 동안 치료도 제대로 못 받고 기다리는 문제가 생긴다는 거지. 이런 식의 억울한 일은 얼마든지 벌어질 수 있어.

결국 국가가 돈을 낸다고 해도 입원 자체가 제한되는 셈이지. 국가에서 극빈층에게 진료를 무료로 해 준다면 참 좋은 제도라고 하겠지만, 실제로 가난한 사람들은 병원에서 이런 식의 어려움을 많이 겪을 수 있지.

● 의학 기술이 다른 데 악용될 때 어떤 기분이 드세요?

아마 모든 과학이 똑같이 직면한 문제일 거야. 예를 들어, 아인슈타인이 질량과 에너지가 변환될 수 있다는 물리적 법칙을 밝혀서 $E=mc^2$이라는 위대한 식을 생각해 냈는데 결국 그 식을 이용해 사람을 죽이는 원자폭탄이 만들어진 것을 어떻게 생각해야 할까? 노벨은 건설 공사에서 사람의 수고를 덜려고 다이너마이트를 만들었는데 그게 또 사람을 죽이는 폭탄으로 활용되는 것을 어떻게 받아들여야 할까? 그러니까 그 질문은 의술뿐 아니라 모든 과학에 똑같이 적용할 수 있겠지. 의학의 발달이 사람을 죽이는 데 쓰일 수도 있거든. 하지만 우리가 과학의 발달을 막을 수는 없어. 이를테면 세균전이 두려워서 세균학의 발전을 막는다고 생각해 봐. 세균학이 발전해야 질병을 일으키는 세균을 극복해서 치료약과 예방약을 만드는데, 그럴 방법이 없어지지. 그래서 세균전에 대한 우려 때문에 세균학 발달을 막을 수는 없는 거야.

결국 과학자, 의학자의 윤리적 책임이 중요한 문제가 되는 거지. 모든 학문이 마찬가지야. 세균전에 사용되지 않도록 학자들이 책임을 느끼고 학자로서의 윤리를 철저히 지켜야지.

19세기에는 세균전에 대한 유혹이 아주 심했어. 일본, 미국, 독일 같은 나라들이 실제로 세균전에 대한 연구를 했어. 그런데 지금은 세균전을 막는 세계적인 압력이 상당히 큰 상태야. 만약에 어떤 나라가 세균전을 하려 한다면 국제적으로 엄청난 비난을 받을 거야. 그리고 세균전을 무서워하는 이유 중 하나는, 세균전을 잘못하면 자기네 나라 국민도 모두 죽을 수 있다는 점이야. 만약 변종된 세균을 잘못 퍼트리면 전 세계에 재앙이 되지. 그래서 모두 세균전을 꺼리고, 세균전은 절대 안 된다는 세계적 합의가 생겨난 거지.

● 의사들도 파업을 하나요?

정부가 의약분업을 시행한 2000년에 의사들이 전국적으로 파업한 경우가 있지. 응급실도 문을 닫고 수술을 안 하기도 했어.

그때 국민들이 당연히 싫어했지. 하지만 의사들이 그렇게라도 해서 자기들의 뜻을 표현하지 않으면 안 된다고 생각해서 파업을 결정한 거야. 실제로 그때 환자들 중에는 수술 일정이 안 잡혀서 피해를 본 경우가 있어. 수술을 받으려고 암 환자가 입원했는데 2, 3주씩 수술 날짜가 안 잡혀서 수술을 못 하기도 했거든.

물론 나중에는 파업을 그만뒀지. 정부가 의사들 요구를 많이 들어줬거든. 의사들이 극단적인 행동을 통해서 여러 가지 요구를 관철한 건 사실이지. 하지만 국민한테 비난을 많이 받았어. 당시 소수의 의사들은 의약분업을 찬성했고, 응급실마저 닫고 진료를 포기하는 일에 반대했어. 그래서 의사들 사이에 다른 의견을 가진 의사들을 미워하기도 했지. 어느 집단이든 집단적인 행동을 할 때 소수의 의견을 가진 사람들이 왕따를 당할 수도 있는 거야. 그럴 때 자기 내부의 신념대로 발언하려면 용기가 필요해. 누가 옳았느냐를 따지기 전에 소수의 의견도 존중하는 사회가 성숙한 사회라고 할 수 있지.

● 앞에서 의료 제도를 말씀하셨는데, 세계에서 가장 본보기가 될 만한 국가가 있나요?

그건 어려운 질문이네. 왜냐하면 모든 제도에 단점이 있고 장점이 있거든. 예를 들어, "대통령중심제가 좋습니까, 내각책임제가 좋습니까?"라는 질문과도 비슷해. 어떤 상황에서 제도를 얼마나 합리적으로 운용하는지가 중요한 것이지, 제도만으로 좋다 나쁘다 말할 수는 없거든. 제도가 어떻든 간에 그걸 운용하는 사람들의 상식과 기준이 중요한 경우가 많아.

그런데 제도가 엉망인 나라는 꼽을 수 있을 거 같아. 엉망인 나라의 대표적인 예는 미국이지. 미국 의료 제도가 엉망이라는 것은 잘 알려진 사실이야. 왜냐하면 국민총생산인 GNP의 15퍼센트를 의료비가 차지하는데도 미국인의 건강 수준이 훨씬 적은 비용을 들이는 나라들보다 그다지 높지 않거든. 우리보다는 높지만 의료 선진국에 비해서는 그리 높지 않아. 그런데 영국은 GNP의 6퍼센트만 의료비로 쓰는데도 미국과 건강 수준이 거의 같아. 그래서 제도가 잘못된 전형적인 사례로 미국이 거론되는 형편이지.

미국은 나라가 관리하는 의료보험 제도가 없어. 전부 개인 보험으로 돼 있어. 내가 가령 A라는 회사를 다니면 A가 보험회사와 계약을 해. 그러면 이 보험회사가 계약한 병원들이 있어. 그래서 나는 이 회사가 계약한 보험회사의 관리를 받고, 이 보험회사가 계약한 병원들에서 진료를 받지. 근데 내가 A에서 다른 회사 B로 옮긴다면 새로 옮긴 B가 계약한 보험회사가 있고 이 보험회사가 계약한 병원이 있어. 그러면 내가 의사를 바꿔야 돼. 그리고 병원 측에서 보면 계약한 보험회사가 수백 개야. 사실은 수백 개가 넘지. 그래서 환자가 오면 어느 보험에 계약돼 있는지를 먼저 알아야 돼. 어떤 보험에 계약된 환자는 감기에 걸리면 보험 혜택을 주는데 폐렴에 걸리면 보상을 조금밖에 안 해 주고, 같은 폐렴이라도 어떤 항생제는 보험이 되고 어떤 항생제는 보험이 안 되는 거야. 따라서 의사도 환자가 어느 회사 사람이고 자기네 병원과 어떤 계약을 맺었는지를 알아야 제대로 진료할 수 있으니 정말 끔찍하지. 그리고 병원 원무과에서 모든 진료 행위를 보험 혜택을 주는 것과 안 주는 것으로 구분해서 진료비를 계산하고 청구하지. 이 사람은 어느 보험회사이고 그 회사의 기준은 어떤데 이 치료는 보험이 안 되는 걸 했으니까 얼마고 저 치료는 보험이 되는 걸 했으니까 얼마고, 그런 걸 다 맞춰서 청구해야 돼.

그럼 보험회사에서 병원의 청구서대로 돈을 다 주는가 하면, 그건 아니거든. "폐렴에는 이 약을 써도 되는데 왜 더 비싼 저 약을 썼어? 그건 우리가 보험으로 인정 안 해." 그러면서 병원에 돈을 주지 않는 거야. 그러면 병원에서는 "왜 보험 혜택을 안 주는 거야? 이 사람은 이러저러해서 그 약을 안 쓸 수가 없었다고." 하며 항의를 해. 그런 과정에서 관리하는 인력이 엄청 많이 필요해. 결국 비용이 많이 드는 거지. 그리고 아까 얘기한 대로 환자가 다니는 회사를 옮기면 병을 치료하는 의사가 바뀌니까, 내가 당뇨 환자라면 치료 중간에 의사가 바뀌는 거지. 그러면 새 의사한테 가서 처음부터 다시 상태를 설명해야 돼. 엄청난 낭비가 발생하지.

반면 영국은 국가가 의료 시스템 전체를 관리해. 병원의 80퍼센트가 국가 소유야. 그러니까 신경 쓸 필요가 없어. 그냥 국가가 정해. 폐렴일 때는 근거가 이러저러하니까 이 약을 쓰는 게 좋다 하고 정해. 그러니까 그런 걸로 고민하고 서로 토론할 필요가 없어. 그냥 중앙에서 학자들이 모여서 폐렴일 때는 어떤 약을 쓰는 게 좋다는 합의만 하면 된다고.

그렇지만 영국이 이상적인 의료 선진국이라고 할 수는 없어. 첨단 의술의 발전과 보급이 더뎌서 환자들이 외국으로 치료받으러 가는 경우도 있거든.

의사가 자기 환자 한두 명을 진료하는 것도 물론 중요하지만, 다른 한편으로는 큰 의료 제도 속에 속해 있기 때문에 제도에도 관심을 가져야 해. 평소에는 자기 일에 매진하지만 어떤 때는 나라의 대통령 선거에도 관심을 가져야 하고 사회적·제도적 변화에도 관심을 기울여야 하지. 의사는 자신의 진료를 개선하는 것에도 힘을 쏟아야 하지만, 의료 제도를 바꾸는 일에도 소홀하면 안 돼. 내가 아무리 환자에게 해 주고 싶은 의료 행위가 있어도 제도에서 금지하면 할 수 없기 때문이야.

_5_

현재 삶에 만족하세요?

● 의사의 근무시간은 어떻게 돼요?

의사마다 너무 달라서 일반적으로 말하기는 어려운데, 종합병원에서는 아침 8시부터 일을 시작하는 경우가 많아. 오전 8시부터 오후 6시까지 근무하지. 오후 6시가 지나도 환자들 때문에 남아서 일하는 의사들도 많고.

개업한 의사들도 병원이 있는 동네 사정에 따라서 저녁 8시, 9시까지 일하기도 해. 아주 극단적인 경우지만, 어떤 의사는 혼자서 24시간 근무하기도 했지. 그런 전설적인 인물도 있었어. 그런데 그렇게 하면 너무 피곤하고 힘들어서 못 견뎌.

아무튼 근무시간도 사람마다 달라. 자기 병원의 상황이라든지 과에 사람들이 얼마나 많은지에 따라서도 다르고, 개업했는지 종합병원에서 일하는지에 따라서도 다르지.

● 의사는 병원에 매일매일 나가나요?

그것도 의사마다 좀 다르지. 입원 환자가 있는 의사들은 상황에 따라 달라지거든. 예를 들어, 수술을 하면 하루 뒤에 경과를 봐야 하거든. 혹시 뭔가 안 좋은 출혈이 있을 수도 있고 여러 가능성이 있으니까. 그래서 금요일에 수술한 환자가 있다면 주말에도 병원에 나가서 보기도 하지. 그런데 나는 현재 입원 환자를 안 보기 때문에 토요일이나 일요일에는 근무를 안 해.

그리고 개업한 의사들은 근무하는 조건을 자기가 알아서 정해. 내가 토요일에 근무하려면 하고 안 하고 싶다면 안 하는 거야. 개업한 의사들은 자기 병원에 오는 손님, 환자들을 생각해서 토요일에도 오후 6시, 7시까지 근무하는 경우가 많지.

● 평소에 시간이 나면 가족들과 뭘 하시나요?

평소에? 아이들이 어릴 때와 지금은 좀 다른데…… 아이들이 초등학교 다닐 때는 주로 함께 북한산이나 관악산에 다녔지. 그런데 아이들이 점점 크니까 부모 따라다니는 걸 싫어해서 최근에는 가족 등산을 많이 못 했네.

지금은 아이들이 대학교 다니니까 서로 자기 생활이 있고, 나는 나대로 친구들과 등산을 하거나 영화를 보거나 미술전을 구경하러 다니고 있지.

● 병원 말고 다른 데서 의료 활동한 경험이 있으세요?

2008년 여름에 임시정부기념사업회라는 데서 우리나라 임시정부를 기리는 사업 중 하나로 대학생들 80여 명과 함께 해외 독립운동의 흔적을 따라 답사하는 행사를 열었어. 거기에 의사가 필요했지. 80명이 열흘 동안 돌아다녀야 하는데 도중에 아프면 곤란하잖아. 의사가 필요하다고 해서 내가 같이 갔다 왔지. 약품 들고 학생들과 같이 다녔어.

또 1997년에 외환 위기가 와서 노숙자가 많아졌잖아. 서울역과 을지로 쪽에 노숙자가 늘어나서 이들의 건강 관리가 사회적 문제가 됐어. 내가 속한 인도주의실천의사협의회(인의협)에서 노숙자 진료를 하기로 해서 그 진료에 많이 참가했지.

또 전남의 섬들로 진료하러 간 적도 있고, 수재민들을 위한 진료에 참여하기도 했지. 맘만 먹으면 정말 많은 사람들에게 도움을 줄 수 있다는 점에서 의사가 된 것에 보람을 느끼기도 해.

● 맨 처음 수술하실 때 기분이 어땠어요?

첫 수술은 레지던트 때였지. 그때는 뿌듯했어. 처음으로 수술을 하면 "내가 드디어 이런 걸 해 봤다!", 그런 느낌이 들거든. 물론 과 장이 옆에서 봐 주면서 했지만 말이야. 경험이 없는 의사이기 때문에 처음부터 다 하는 것은 아니고, 혹시 사고가 날 때 옆에서 도와 줄 사람이 있는 상태에서 하지. 첫 수술을 마치면 기념으로 그 수술 칼(메스)을 주는 관습이 있어. 그 칼에 날짜를 써서 보관하지. 맹장 (충수돌기염) 수술을 처음으로 한 날 그 칼에 내 이름을 붙여서 수술 실 간호사들이 선물해 주었고, 나는 수술 턱을 낸 기억이 있어.

그리고 아이를 처음 받아 본 날도 뭔가 뿌듯한 느낌이 들었지. 내가 받은 아이가 "으앙!" 하고 울었을 때 뭔가 해냈다는 기분을 느 꼈지. 한 생명의 탄생에 내가 기여했다는 느낌은 얼떨결에 애를 받 았다는 당혹감이 살짝 섞인 기묘한 기쁨이지.

● 의사가 된 걸 후회하신 적은 없나요?

물론 있지. 가장 가까운 사람에게 오진을 했을 때, 그럴 때 후회가 돼. 가까운 사람이 암이었는데 검사 결과가 정확히 안 나왔어. 그래서 괜찮다고 했는데, 나중에 암으로 판명된 거야. 그러면 후회가 되지.

나는 지금 수술을 하는 의사는 아닌데, 수술실에 들어가는 의사들은 자기 실수로 환자가 죽었을 때 후회를 많이 하지. 일반적으로 의사들은 자기 실수로 진단을 잘못하거나 수술하다가 환자가 죽는 일을 당했을 때 직업적 회의를 많이 느끼고, 그 일로 의료 소송에 말려서 법정에 불려 가면 그런 후회가 증폭된다고 해. 나는 운이 좋아서 지금까지 소송은 안 걸렸는데, 자기 실수로 의료 소송이 걸리면 엄청난 고통을 당하지. 검찰에 불려 다니고 경찰에 불려 다니고, "당신이 이렇게 하다가 잘못한 것 아냐?" 하고 추궁을 받거든. 이제껏 의사로서 나름대로 자부심을 느끼며 살아왔는데, 갑자기 추궁당하면 괴롭지. 일반적으로 의사들이 가장 비참할 때가 그런 순간이라고 해.

● 의사라는 직업에 만족하세요?

나는 의사라는 직업을 가진 것에 만족해. 이렇게 설명해 볼까? 내가 오늘 빵을 먹었다고 해 봐. 빵이 맛있으면 기분이야 좋겠지만,

그렇다고 빵 만든 사람에게 "정말 감사합니다." 하고 말하진 않지. 그런데 의사가 치료를 잘 하면 환자와 그 가족이 의사한테 감사하다고 인사를 해. 이게 큰 차이점이야. 의사가 공짜로 치료해 준 게 아니거든. 돈 받고 월급 받으면서 치료하거든. 그런데 의사는 제대로 잘 치료해 주면 감사하다는 말을 들을 수 있지. 자기가 조금만 더 사람들을 배려해서 일하면 고맙다는 말을 들을 수 있는 직업이야. 물론 거꾸로 욕을 먹을 수 있는 직업이기도 해. 예를 들어, 자기 어머니가 입원해 있는데 의사가 자기 어머니에게 함부로 하면 속으로 배신감과 분노를 느끼겠지. 자기 어머니를 함부로 하는데 얼마나 화가 나겠어.

아무튼 의사는 본분을 다하고 아픈 사람들을 인간적으로 대하면 사람들로부터 고맙다는 말을 많이 들을 수 있어. 나는 그런 점에서 의사가 참 좋은 직업이라고 생각해.

● 선생님이 가장 존경하는 의사는 누구예요?

내가 존경하는 분은 홍창의 선생님이야. 서울대학병원의 소아과 의사셨지. 『소아과학』이라는 교과서를 편집하신 분으로 의사로서도 훌륭하지만 인격적으로도 훌륭한 분이지. 의사로서 의술을 베푸는 것도 잘 하셨지만, 그분은 항상 사회문제에 관심을 갖고 계셔.

북한의 식량 위기가 심각해서 어린이들이 굶어 죽어 가고 있다는 말을 듣고 당신이 소아과 의사니까 이걸 그냥 두면 안 된다고 생각하신 거지. 그래서 돈을 모아서 북한 어린이에게 의약품 보내는 단체를 만들어서 10년째 북한에 기초 의약품을 보내고 계시지. 항생제라든지 예방접종 약, 영양제 같은 걸 섞어 보내고, 가끔 의료 기구도 보내지. 의사, 약사, 한의사, 치과의사 등과 함께 만든 '어린이 의약품 지원본부'라는 단체인데, 나도 10년째 그 일을 하고 있어. 홍창의 선생님은 그 단체를 제안해서 만드신 분이야. 의사들 사이에서 유명하고 존경받는 분이지.

● 다시 태어나도 의사가 되고 싶으세요?

의사도 좋은 직업이니까 다시 해도 좋긴 한데, 다시 태어나면 다른 거 해야지. 여러 번 태어날 수 있다면 태어날 때마다 직업은 계속 바꾸고 싶어. 꼭 의사가 싫어서가 아니라 다른 것도 해 보면 재밌을 것 같아서. 신문기자가 되고 싶기도 하고, 변호사 일을 해 보고 싶기도 하고, 여행가가 되고 싶기도 하고, 교사나 목사를 해 보고 싶기도 해. 하여간 이것저것 해 보고 싶어.

_6_
의사가 되기 위해 필요한 것은?

● 언제부터 의사가 되겠다고 생각하셨어요?

　고등학교 1학년 겨울에. 나도 직업적인 안정 때문에 선택했어. 부모님이 하라고 한 건 아니고 내가 혼자 생각해서 결정했어. 내가 원래 문과였는데 아버지한테 말도 안 하고 혼자 이과로 옮기고 나서 알렸거든. "이과로 옮겼어요." "왜 옮겼냐?" "저, 의대 가려고요." 그러니까 아버지가 깜짝 놀라시더라고.

　어떻게 보면 나는 그냥 조용히 편안히 살면 좋을 것 같아서 의사를 선택한 거야. 의사가 돼 보니까 실제로 좋은 점이 많아. 물론 내가 가 보지 않은 길, 의사가 아닌 다른 직업을 택했다면 어땠을지

궁금하기도 하지. 그렇기는 해도 의사를 잘 택한 것 같아.

● 의사가 되려면 공부를 어느 정도로 해야 돼요?

입시 전문가에게 물어봐야 정확할 텐데, 지금 알려진 건 상위 1
퍼센트 안에 들어야 한다는 거잖아? 이를테면 100명 중에 1등을 하
고, 400명이 있으면 4등 안에는 들어야 하지. 하여튼 아주 어려운
게 사실이야. 의과대학에 들어가려는 학생이 워낙 많기 때문에 그
렇지.

● 의사는 되고 싶은데 해부하는 게 싫으면 어떡하죠?

대학교 때, 우리 의과대학에 160명이 입학했는데 한 여학생이 끝
내 해부학 실습을 못 했어. 자기는 시체를 칼로 자르는 걸 못 하겠
다는 거야. 그래서 그 학생은 한쪽 구석에서 돌아앉아 계속 해부 실
습 책만 봤어. 그래서 우리가 '쟤는 틀림없이 졸업을 못 하고 낙제
할 거야.' 생각했지. 열심히 해부 실습을 해도 낙제하는 학생들이
있는데 그렇게 실습도 못 하고 돌아앉아서 책만 봤으니까 당연한
생각이지. 그런데 걔가 해부학에서 A를 받았어. 그때 내가 얼마나
배신감을 느꼈는지 알아? 걔는 책을 정말 열심히 봐서 시험만 봤다

하면 무지 좋은 성적이 나온 거야.

얼마 전 학교에서 졸업 25주년 기념행사를 했는데, 그 친구를 만났지. 그때 얘기를 했어. 너 때문에 배신감 느꼈다고, 너를 위해서 그때 걱정하던 거 전부 보상하라고, 농담을 했지. 그 친구가 지금은 의과대학 교수가 돼 있는데, 이렇게 얘기하더라고. 자기는 사람을 해부하는 것, 사람과 대화하는 게 어려웠대. 그래서 지금 진단검사의학과 의사야. 진단검사의학과는 현미경을 보는 의사거든. 피를 뽑으면 의료 장비로 검사하고 그러잖아. 직접 환자를 만나고 진찰하는 건 못 하니까 환자를 만나지 않는 과를 택한 거야.

의사가 좋은 점이 뭐냐면, 하는 일이 아주 다양하다는 거야. 그래서 해부를 힘들어하는 학생도 훌륭한 의사가 될 수 있는 거지. 분야가 워낙 다양하니까 자기가 원하는 분야로 갈 수 있어. 환자를 보기 싫으면 현미경만 보는 의사가 될 수도 있고, 필름만 보는 방사선 의사가 될 수도 있지. 심지어는 수학을 좋아하면 의학통계학을 전공해도 되고, 사회학에 관심이 많으면 의료 제도에 관심을 가져도 되고, 경영에 관심이 많다면 병원 경영에 관심을 가져도 되고, 역사나 윤리 철학에 관심이 많다면 의사학이나 의료윤리에 관심을 가질 수도 있고, 공학에 관심이 많으면 의료 현장에서 사용하는 의료 기기를 다루는 의공학 분야에서 일할 수도 있지. 즉 자기 소질을 얼마든지 발휘할 수 있다고 생각하면 돼.

● 의사가 되려면 어떤 준비를 해야 할까요?

내가 권하고 싶은 것은 폭넓은 공부야. 어릴 적부터 다양한 분야의 책을 많이 읽는 것이 큰 도움이 될 거야.

의사가 되기 위해서 꼭 거기 필요한 것만 공부한다면, 미래를 준비하는 데 많이 부족할 거라고 생각해. 사회가 어떻게 변화할지 정확히 예측할 수는 없잖아. 지금 필요한 지식과 너희가 컸을 때 필요한 지식이 다를 수 있으니 폭넓은 공부가 필요하지. 다양하게 보고, 폭넓게 공부를 하고, 또 과학자들의 전기 같은 걸 많이 읽어 두면 도움이 될 거야. 과학자들의 전기를 읽으면서 "이런 사람이 되면 좋겠구나." 하고 느끼는 거지. 꼭 의사들의 전기만 읽으라는 게 아니라, 일반적인 과학자들의 전기를 읽으면 좋겠어. 그리고 자기가 관심 있는 분야의 책을 가능한 한 많이 읽으라고 하고 싶어. 의사가 되고 싶다고 해서 꼭 '의사 되기'에 관한 책만 읽어서는 안 되지.

요즘은 의학도 다른 과학과 같이 빠르게 발전해. 아까 인슐린 얘기를 했지? 옛날에는 인슐린을 돼지 몸에서 추출했지만 요즘은 유전자 재조합을 통해 만들지. 그건 생물학을 잘 알아야 할 수 있는 일이야. 또 다른 주변 학문, 즉 물리학과 화학도 발전해야 의학이 같이 발전하거든. 꼭 자연과학만 필요한 게 아니야. 의사도 결국은 인간을 이해해야 하거든. 환자를 잘 보려면 사람의 심리를 잘 알아야 돼. 그래서 심리학도 필요하지.

의사가 되고 싶다고 해서 꼭 의학 공부만 할 게 아니라 폭넓은 공부로 교양을 쌓아 둬야 해. 모든 학문이 서로 연관되어 있고 미래 사회는 지금과 다른 모습으로 변화할 테니까, 미리 폭넓게 배워서 교양을 쌓아 두면 좋겠지. 소설을 읽는 것도 인간을 이해하고 사회를 이해하는 지름길이니 다양한 독서가 필요하다고 봐. 물론 친구들이나 친척들과 잘 어울리고 즐겁게 생활하는 것은 누구에게나 필요한 일이지.

친절과 배려를 베푸는 의사

신기중학교 3학년 김현정

2008년 여름 창비 드림캠프에 참가했던 일은 나에게 크나큰 기회였다. 여러 가지 직업을 접하고 배울 수 있었던 것이다. 특히 내 장래 희망인 의사라는 직업에 한 걸음 더 나아갈 수 있었다. 그런데 이번에는 의사 선생님을 직접 인터뷰할 기회가 왔다!

의사 선생님을 만나서 인터뷰하는데 이상하게도 긴장은커녕 오히려 전부터 알던 사람처럼 친숙함이 느껴졌다. 평소에 의사라는 직업에 대해 궁금했던 것을 물어보고 대답을 듣는데, 들으면 들을수록 의사는 정말 끝도 없는 매력이 있는 직업이라는 것이 느껴졌다. 의사들의 재미있는 세계는 내게 묘한 흥분과 기대감을 주었다.

사소한 질문에도 친절하게 답변해 주시고 나와 동생이 좀 더 쉽게 이해할 수 있도록 정성껏 설명해 주시는 서홍관 선생님을 보며 이런 생각을 했다.

'만약 내가 나중에 의사가 된다면, 딱딱한 의사 선생님이 아니라 저렇게 사람들에게 친절과 배려를 베푸는 선생님이 되고 싶다.'

모든 의사가 딱딱하다는 뜻은 아니다. 다만 한결같이 친절과 배려를 잃지 않는 본보기가 되고 싶다는 말이다.

이번 인터뷰에서 나는 알차고 재미있는 정보를 많이 얻었다. 한편 잘 몰랐던 이야기에서 적잖은 충격을 받기도 했다. 의사들끼리 권력 다툼이 있다는 것도 놀라웠고, 미국의 의료 서비스가 뜻밖에 아주 형편없다는 것을 알고는 정신이 멍해지기까지 했다.

이런저런 이야기를 듣다 보니 의사는 정말 어려운 직업임을 깨달았다. 동시에 그 어떤 직업보다도 큰 보람을 느낄 수 있고, 그 보람 속에서 행복을 찾는 직업이란 것을 알았다.

의사가 되기란 쉽지 않다. 학교 성적이 상위 1퍼센트 안에 들어야 의대에 진학할 수 있다고 한다. 아직 나에겐 무리라는 것을 안다. 의사가 되기까지 수많은 고난이 나를 기다리는 것도 안다.

하지만 나는 벌써 마음을 굳혔다. 의사가 되기로 말이다. 이번 인터뷰를 통해 의사들의 세계로 한 발짝 더 다가섰고, 앞으로 어떤 고난이 닥쳐도 헤치고 나갈 것이다. 의사가 되면 돈을 많이 버니까? 절대로 아니다. 나는 돈이나 직업의 안정성 때문에 의사가 되길 바라는 것이 아니다. 멋있어 보이니까? 그건 더 아니다. 나는 오직 사람들의 병을 고치고, 그럼으로써 보람과 행복을 얻는다는 데서 감명을 받아 의사가 되길 바란다. 이 마음, 절대로 잊지 않고 싶다. 그리고 이 마음은 나를 지켜 주고 내가 조금 더 힘을 낼 수 있도록 도움을 줄 것이다.

신기중학교 2학년 김희태

쪽지에 적은 꿈

오후 4시, 서홍관 선생님을 인터뷰하기 위해 약속 장소로 갔다. 처음으로 한약을 마시는 아이처럼 두려움과 설렘이 있었고, 그와 동시에 설탕처럼 달콤한 느낌도 내 몸을 훑고 지나갔다.

드디어 선생님이 들어오셨다. 선생님의 첫인상은, 음, 사실 딱딱해 보였다. 하지만 10분쯤 이야기를 나누다 보니, 처음에 받았던 인상과는 아주 다른 분이셨다. 선생님은 재밌고, 슬프고, 진지한 내용의 이야기를 술술 풀어 주셨다. 예를 들어, 수술 도구를 잘못 다루었을 경우 어떻게 하는지 여쭈어 보았더니, 선생님은 재미있는 이야기를 곁들여서 설명해 주셨다. 깔끔하고도 재미있는 설명이 인터뷰 내내 이어졌다. 의사로서 겪는 일들, 개인적인 생활 등 다양한 물음에 친절한 답이 이어졌다.

선생님은 "의사란 직업은 막대한 책임이 있다. 요즈음은 돈이 되는 직업으로 다 모이는데, 그것이 보기 안 좋다." 하셨다. 나는 이렇게 생각한다. "의사란 돈을 벌기 위한 직업이 아니라, 다른 사람의 꺼져 가는 생명등에 다시 불을 붙여 살게 해 주는 직업이다."

모두 알다시피 의사가 되기까지는 멀고 험한 길이 기다리고 있다. 하지만 나는 다시 한 번 꿈을 꾸어 본다. 유치원 때 장래 희망을 의사, 과학자라고 적어 놓던 추억을 떠올린다. 누구나 자기의 꿈을 작은 종이에 적어 품에 고이고이 간직하고 있을 것이다. 이번엔, 그 쪽지를 비행기로 접어서 멀리멀리 날려 보자. 자신의 꿈을 실현할 수 있다는 것을 알게 될 것이다.

2 부

의사가 들려주는 의사 이야기

_1_
의사는 환자에게 배운다

　환자나 보호자들은 의사들이 좀 더 따뜻하게 대해 주기를 기대하지만 진료가 일상이 되다 보니 인간적이고 따뜻한 진료를 못 하는 것이 사실이다. 매일매일 찾아오는 수많은 환자들과 잠깐 동안 만나는 외래 진료실에서 환자와 정감을 나누며 진료하는 것은 상당히 어려운 일이다. 그나마 입원 환자는 만나는 기간도 길고 보호자와 대화를 나누지 않으면 안 되는 사연도 많기 때문에 사정이 약간 다르다.

　진료하다 보면 어둡고 괴로운 일을 많이 겪게 마련이다. 레지던트 시절, 질병의 커다란 고통 속에서 살려 달라고 아우성치는 환자들 사이에서 정신없이 병동을 뛰어다니다가 새벽 2, 3시쯤 당직실에 초라하게 내 육신을 누이면 머리는 텅 빈 듯 어지럽고 몸은 피곤한데 잠이 쉽사리 오지 않아 '희망 없는 싸움'이란 소리를 되뇌었다. 그리고 이렇게 절망적인 싸움에 내가 뛰어들었다는 것이 후회스러웠다. 그때 내게 생명의 소중함을 일깨워 주고 다시 일어설 힘을 바로 환자들에게서 얻었다. 내가 도움을 준다고 생각하던 그들에게 오히려 내가 도움을 받은 것이다.

어떤 30대 중반의 여자 환자는 위암이 너무 진행되어 몸 전체에 퍼져 있었다. 심지어 겉에서도 암 덩어리가 만져질 정도였다. 수술해서 회복할 가망이 없어서 그저 모르핀 주사로 고통을 줄일 뿐, 죽음이 찾아와도 불필요하고 괴롭기만 한 심폐소생술은 하지 않기로 보호자들과 벌써 얘기가 되어 있었다. 회진할 때 보면 아예 모든 것을 포기한 듯 아무것도 묻지 않고 그저 멍한 눈빛만 던질 뿐이었다.

원칙적으로는 이렇게 불치의 병으로 모든 것을 포기한 환자라도 의료진은 그들이 마지막까지 희망을 잃지 않도록 하면서, 한편으로는 환자가 스스로 죽음을 준비할 수 있도록 병이 치료될 수 없다는 것을 조금씩 암시해 주어야 한다고 한다. 그리고 무엇보다 이 과정에서 의료진의 따뜻한 태도가 중요하다고 되어 있다. 그러나 살 수 있는 환자를 보살피기에도 바쁘고 벅찬 병동에서는 그런 원칙을 지키기가 쉽지 않다. 그리고 의사 자신도 이런 환자에게 해 줄 수 있는 일이 적다는 좌절감과 죄책감을 알게 모르게 느끼기 때문에 되도록 환자를 회피하는 경향이 있다.

나도 그랬다. 아무것도 묻지 않고 아무것도 원하지 않는 것 같은 환자의 태도에 스스로 주눅이 들어 꼭 필요한 일이 아니라면 아예 환자 근처에도 가지 않았던 것이다. 남편이 직장에 다니며 아이들을 챙기느라 그 환자는 혼자 누워 있는 경우가 많았다.

그러던 어느 날 밤이었다. 그 환자는 숫제 먹지를 못해 영양분을 정맥주사로 주입하고 있었는데 정맥주사가 빠져서 할 수 없이 포도당 주사액을 들고 찾아갔다. 그 환자는 마치 포기한 사람처럼 팔을 아무 말 없이 내밀었고 나는 혈관주사를 놓았다. 그리고 아무 말 없이 나오려는데 갑자기 아주 희미한 소리가 등 뒤에서 들렸다. 뒤를 돌아보니 그 환자가 나보고 뭐라고 말하는 것이었다. 가까이 가서 들어 보니 "밤늦게 수고하셨어요."라고 말하는 것이었다. 나는 그 창백하고 앙상한 얼굴에 희미한 웃음까지 띤 것을 보고 깜짝 놀라 "괜찮습니다. 오래 누워 있으니까 힘드시죠?" 하고 인사했다. 그 순간 그 사람이 내게 살아 있는 사람으로 느껴졌다. 그 사람도 무언가 느끼고, 무언가 좋아하고 있을 거라는 생각이 처음으로 들었다. 그 뒤로 내가 그 병동을 떠날 때까지 항상 웃으며 서로 인사를 나누게 되었다. 보기 흉하던 그녀의 얼굴이 아름답게 느껴지기도 했다. 나와 나누는 가벼운 인사들은 그녀가 간직할 지상의 마지막 기억 중 하나가 될 것이라는 생각이 들었다.

일반적으로 의사들은 암의 말기에 이른 사람들을 의학적인 관점에서 쉽게 포기하는데, 그 순간 환자는 절망하고 만다. 비록 의학적으로는 회복할 수 없다고 해도 의사는 환자가 마지막까지 희망을 잃지 않으며 주위 사람들을 신뢰하고 죽음을 품위 있게 맞을 수 있도록 도와야 한다는 것을 스스로 깊이 깨닫게 된 사건이다.

한번은 생명의 경이에 대해서 깨닫는 일이 생겼다. 인턴 때의 일이다. 소아 중환자실에서 일하게 되었다. 한 아이가 입원 중이었는데, 나이는 만으로 한 살밖에 안 되는데 아이의 차트(의무 기록)가 무척 두꺼운 것으로 보아 병원에서 꽤 고생한 것이 분명했다. 역시 심한 심장 기형 때문에 그 어린 나이에 벌써 심장 수술을 두 번이나 받은 경험이 있었다.

한 번이라도 중환자실에 가 본 사람은 그 숨 막힐 것 같은 분위기를 알 것이다. 호흡을 스스로 못 하는 환자들의 목으로 튜브를 집어넣어 강제로 숨 쉬게 하는 인공호흡기가 놓여 있고, 그 고무주머니가 늘어났다 줄었다 하고 있어서 숨 막히는 긴장감이 있다. 또 심전도(심장의 수축에 따른 활동전류를 곡선으로 기록한 것으로서 심장병의 진단에 아주 중요하다.)를 보여 주는 모니터에서는 심장이 뛸 때마다 약 1초에 한 번꼴로 '삑, 삑, 삑, 삑' 소리가 울려 금방이라도 무슨 일이 벌어질 것 같은 느낌이 든다. 또 링거액이 들어가는 속도를 일정하게 조절하는 기계라든지 심장이 멎었을 때 심폐소생술을 시행하는 기계가 주변에 있어서 두려움을 일으킨다.

나는 선천성 기형으로 고생하는 어린아이를 볼 때마다 숨 막히는 두려움을 느꼈다. 이런 아이들은 세상에 태어난 즐거움을 무엇에서 찾을 것인가? 목사님이나 신부님은 혹시나 "하느님이 그 아이를 세상에 내신 귀한 뜻이 있다."고 하실지 모르겠지만, 태어나서부터 숨 쉬기가 힘들어서 마취를 당하고 수술을 두 번이나 당하고 가늘디가는 혈관에 정맥주사를 맞은 아이, 세상에 태어나 편안하게 지낸 시간보다 고통을 당한 시간이 더 많은 아이들이 그런 뜻을 찾을 수 있을까? 이 아이들이 처음으로 경험하는 세상은 두려움과 고통이 전부가 아닐까? 나는 두려웠다. 세상에 태어나 며칠 만에 심장 수술을 받고 다시 2차 수술을 받았지만 아직도 이 지상에서 살아남을 수 있을지조차 대단히 의심스럽다는 것은 무엇을 뜻할까? 오로지 생명을 유지하기 위해 이렇게 커다란 고통을 치른다는 것에 무슨 숭고한 의미가 있을까? 그리고 이 아이의 부모들은 얼마나 고통스러운가? 예쁜 아이를 낳아 잘 길러 보고 싶지 않은 부모가 있겠는가! 미국에서는 아이가 백혈병으로 사망할 경우 이혼율이 80퍼센트에 달한다는 보고가 있었다. 부모가 아이의 죽음으로 커다란 상처를 받기 때문에 서로를 견디지 못한다는 증거가 될 것이다.

중환자실에는 보호자들이 함부로 출입하지 못한다. 그 어린 환자의 보호자는 30대의 앳된 주부였다. 다니던 직장도 아이 때문에 포기했다고 했다. 나는 혹시나 내가 던지는 말 한마디가 자칫 상처를 줄까 봐 함부로 말하지 못했다. 이 아이는 폐렴이 생겨 매일 가슴 사진을 찍어야 했다. 매일 아침에 찍는 사진을 보고 "좋아졌어요." 또는 "약간 나빠졌어요." 하는 소리를 듣는 게 엄마의 일과였다. 그리고 필요에 따라 혈액의 산소 공급 상태를 알기 위해 동맥 혈액을 뽑아야 했다.

어느 날이었다. 아이의 상태를 보러 갔는데 엄마가 수고한다면서 주스를 권했다. 나는 그제야 그 엄마가 겪고 있을 심정적인 고통을 생각하며 "엄마도 힘드시죠?" 하고 물었다. 그랬더니 엄마는 나에게 "입원도 오래 했어요. 아마 태어나서 지금까지 병원에 입원한 기간이 절반은 될 거예요." 하더니 갑자기 "우리 애, 이가 난 것 보셨어요?" 하고 물었다. 나는 의아해하면서 "이요?" 하고 되물었다. 그러자 엄마는 자랑스럽게 아이의 입술을 벌리더니 이를 보여 주었다. 아! 심장 기형으로 파래진 입술 사이로 하얀 이들이 돋아나 있었다. 위에 네 개, 아래에 두 개. 나는 정말로 감탄했다. 아, 이 아이가 살아 있구나! 생명의 힘은 이렇게 힘들고 고달픈 몸에도 새싹을 돋아나게 하는구나. 마치 짓밟히고 병든 고목에서 새싹이 돋아나는 듯한 기쁨을 느낄 수 있었다.

그제야 그 중환자실처럼 살벌하고 비정한 세계에서도 엄마가 절망하지 않고 버티는 이유를 조금이나마 알 것 같았다. 엄마의 얘기에 따르면 상태가 좋을 때는 병동에서 장난감을 가지고 놀기도 했다는데, 중환자실에는 병균 감염의 문제가 있어서 함부로 가지고 들어오지 못하게 한다는 것이었다.

내 근무는 매월 바뀌기 때문에 근무가 끝나고 다른 병실로 옮긴 이후로 이 아이가 어떻게 되었는지는 모른다. 그러나 그 엄마가 심장병의 절망 속에서 간직하고 있던 생명의 소중함과 아름다움은 나에게 깊이 간직되어 다 져 버린 겨울 숲에서 내년에 피어날 생명의 흔적을 발견하는 기쁨으로 남아 있다.

_2_
환자의 손을 잡는 의사

내 이모부는 젊었을 때부터 병원을 자주 찾으셨다. 선비처럼 창백한 얼굴과 마른 체격에 목소리는 언제나 점잖으면서 나직했다.

초등학교에 다닐 때는 1년에 한 번씩 설날에 세배하러 찾아가서 세뱃돈이나 받아 올 정도였는데, 중고등학교에 다니면서는 학교 공부에 시달리느라 얼굴 뵙기가 더욱 어려웠다. 그리고 대학 진학을 위해 서울로 올라온 뒤로는 대학을 졸업하고 군대에 가느라, 전공의 수련하느라 1년이 아니라 몇 년에 한 번씩만 뵈었다.

그러다가 한참 만에 인사를 드릴 기회가 생겼다. 이모부는 내가 의사가 되고 대학 병원의 과장이 되어 인사를 간 것이 아주 든든하고 대견하신 모양이었다. 그리고 병원에서 투병할 때 괴로웠던 일이 갑자기 생각나신 듯 당시의 병원 생활에 대해 말씀해 주셨다. 이모부의 병원 생활에 대해 듣기는 처음이었다. 이모부는 간절하게 당시를 회상하셨다.

"병원에 들어가 있는데…… 아침마다 일어나면 오늘 경과는 어떤지 몹시 궁금했다. 의사 선생님 오시기만 기다리는데…… 오셔서 별 이야기도 하지 않고, 알아듣기 어려운 소리를 자기들끼리 중얼거리면서 가 버리더라. 그럴 때의 참담함은 이루 말할 수 없었다. 손이라도 한번 잡아 주면 마음이 놓이겠는데…… 등이라도 두드려 주면 위로가 되겠는데…… 끝내 눈길도 제대로 주지 않고 지나가 버리면 하루를 그냥 허송세월한 것 같고, 눈물이 날 것 같았다.

회진이 끝난 뒤에는 종일 온갖 방정맞은 생각에 시달렸다. 혹시 내 병이 결국 죽을병이 된 것은 아닐까. 그래서 의사가 나를 피하는 것은 아닐까. 혹시라도 내가 의사 선생님에게 건방지게 보인 것은 아닐까. 기분 상하게 한 적은 없었을까. 맞다. 저 옆 침대에 누운 환자는 의사 선생님에게 무슨 선물을 하는 것 같았는데, 오늘 회진할 때도 저 환자에게는 웃기도 하고 농담도 하지 않았던가. 그런데 무슨 선물을 하지. 나는 돈도 별로 없는데. 입원비 대는 것도 힘들어 살림이 휘청대는데, 선물이나 촌지를 주는 것은 생각이나 하겠는가. 어떤 사람들은 의사가 아는 사람이라서 특별히 잘 봐 주는 것 같은데 나는 돈도 없고, 백도 없고…… 병도 안 낫고 죽을 수밖에 없단 말인가."

　말씀하신 내용 모두가 구구절절 얼마나 안타깝던지, 그 아픔과 안타까움이 그대로 내게 전해졌다. 과연 그렇구나, 그랬구나. 아픈 사람의 마음이라는 게 그렇게도 여리고 아프구나. 아마도 이모부는 나를 보면서 '이렇게 아는 의사가 그때 있었다면……' 하셨을 거다. 특히 '손이라도 한번 잡아 줬으면 했다.'는 대목은 뭉클하기까지 했다. 그리고 내가 평소에 진료실에서 환자들에게 어떻게 보일지 두려웠다.

　그때 이후 나는 나 자신을 돌아보고, 이모부를 생각하면서 기회가 있을 때마다 환자의 손을 잡아 주게 되었다. 남편을 폐암으로 잃고 감기에 걸려 기침을 하다가 찾아와서 흉부 엑스레이 사진을 찍고 정말로 암이 없느냐고 물은 50대 부인의 손을 잡아 주기도 하고, 누적되는 불안과 스트레스로 온갖 증상이 몸에 나타나 틀림없이 큰 병에 걸렸다고 믿던 40대 환자를 안심시키기 위해 손을 잡아 주기도 했다.

　찾아가서 웃어 주고, 손을 잡아 주고, 아픈 상처 부위를 살펴봐 주는 시시한 일이 환자의 몸에 있는 병에는 별 도움이 안 되지만 환자의 마음에는 아주 소중하고 절박한 일이 될 수 있다는 것을 이모부를 통해 비로소 이해하게 된 것이다.

_3_
의사를 꿈꾸는 학생들에게

나는 평범한 고등학생 시절 우연한 기회에 오로지 나 자신의 문제를 해결하기 위해 의과대학을 택했다. 그렇게 해서 '의사가 되어 버린' 내 인생 과정을 밝히고, 그 과정에서 겪은 고민들을 들려주려 한다. 이 글이 의대에 진학하려는 후배들에게 조금이나마 도움이 되었으면 한다.

우연히 택한 의과대학

나는 만경강 변의 너른 호남평야 들판에서 태어나 어린 시절을 보냈다. 만 5세까지 정서와 지능의 60퍼센트, 만 10세까지 80퍼센트가 결정된다는 이론을 꺼낼 필요도 없이 나는 어른이 된 지금도 어릴 적의 들판과 강변에 익숙해 있다.

초등학교에 들어갈 무렵 전주로 이사 간 나는 학창 시절을 전주에서 보냈다. 그리고 초등학교에서 우등상이라도 타면 법대에 들어가 사법시험에 합격해 판검사가 되는 것이 정해진 코스인 양 인식되던 당시 분위기에 따라 법관이 내 장래 희망이라고 생각하게끔 되었다.

그러나 중학생이 되면서 그게 허망한 꿈이라는 걸 깨달았다. 공부 잘하는 사람들이 모두 법관이 될 수도 없거니와 그래서도 안 된다는 것을 알았고, 초등학교에서 우등상 받는 것과 달리 법관 되는 일이 쉽지 않다는 사실도 깨달았다. 나는 장래 희망이 불투명한 가운데 고등학교에 진학했다.

나 역시 또래들과 마찬가지로 고등학교 1학년 무렵부터 장래에 대해 심각하게 고민했다. 당시 나는 불행하게도 특별한 취미나 특기가 없었다. 운동을 잘하는 것도 아니고, 악기 하나도 다룰 줄 몰랐다. 또 과학이나 만들기에도 흥미가 없어서, 남들처럼 시계를 분해하고 조립해 보는 일도 하지 못했다.

학과 성적을 봐도 특별히 잘하는 과목도, 특별히 못하는 과목도 없이 너무나 평범했다. 한번은 적성검사를 치렀는데, 어떤 직업을 택해도 좋다고 모든 직업에서 '가'라는 판정이 나왔다. 그리고 각 직업에 대한 적성 점수가 나왔는데 엉뚱하게도 1위가 간호사, 2위는 체육인, 3위는 예술인이었다. 나로서는 전혀 고려해 본 적이 없는 직업들이었다. 결국 참고할 가치가 전혀 없이 검사비만 버린 꼴이 되고 말았다.

나는 한때 기자가 되고 싶었다. 그러나 당시에 들은 바에 따르면 기자 생활이란 것이 비참했다. 요즘은 기자가 안정되고 좋은 직업인 모양이지만, 당시 지방 신문사 기자들은 극심한 박봉에 시달렸으며, 들리는 소문으로는 각 기관장이나 약점이 많은 사업체의 사장들이 주는 돈으로 먹고산다고 했다. 그래서 나는 기자가 되는 것을 깨끗이 포기했다.

그러던 중 고등학교 1학년이 끝나 갈 무렵 큰형에게서 우연히 "의대에 들어가면 제일 속 편하게 자기 할 일 하면서 지내더라." 하는 이야기를 들었다. 뚜렷이 갈 곳도 없는 채 방황하던 나는 그 얘기에 귀가 번쩍 뜨였다. 사흘 정도 고민한 끝에 나는 인생 항로를 의과대학에 가는 쪽으로 결심했다. 그리고 학교에 가 문과에서 이과로 바꿔 달라고 요청했다. 부모님도 모르게 한 일이었다. 그리고 2학년 올라가기 직전에야 부모님께 이과로 옮긴 것을 알려 드렸다. 그렇다! 나는 누구의 간섭도 받지 않고, 상급자의 눈치를 볼 필요도 없고, 승진에 신경 쓸 필요도 없고, 자기가 벌어서 먹고살 수 있다는 의사 직을 내 길로 정해 버린 것이다. 너무도 순간적인 판단이었다. 그리고 마침내 원하는 대학의 의예과에 합격할 수 있었다.

의예과 시절

대학에 들어가서는 상당한 기간 동안 갈등하고 방황했다. 내가 원하는 곳에 가기는 했지만 무엇을 해야 할지를 몰랐다. 의사가 되는 과정을 정확하게 알지 못했고, 의사가 되기 위해 무엇을 해야 하는지를 알 수 없었던 것이다. 또한 내가 세상의 거친 파도에서 벗어나 혼자 조용히 편하게 살려고 의대를 선택했다는 바로 그 점이 양심의 갈등을 일으켰다. 그러나 다른 친구들을 사귀면서 그들도 별차이가 없다는 사실을 알게 되었다. 같은 반 동료들에게 왜 의과대학을 택했느냐고 물어보면 거의 모두 부모님이나 선생님이나 누나나 형 들이 좋다고 해서 왔다는 것이었다. 때로는 대학 입학시험 점수가 남아돌아, 그게 아까워 의대로 진학한 경우도 있었다. '인류의 고통을 나누기 위해서'라든지, '슈바이처에게 감동을 받아서'라고 대답하는 학생은 도리어 예외적인 경우였다. 전공을 사명감이나 적성에 대한 신중한 고려 없이 선택하는 것은 우리나라의 대학 진학에서 너무나 흔히 볼 수 있는 현상일 것이다.

지금은 대학마다 제도가 달라 4년제 대학을 졸업하고 의학전문대학원에 진학하기도 하지만, 당시에는 모두가 의예과 2년을 마치고 본과 4년 과정을 다녀야 했다. 그런데 의예과 학생들은 갈 곳 없는 고아 신세였다. 의과대학과 연결되는 수업은 거의 없었으며, 누가 책임지고 지도해 주지도 않았다. 예과를 둔 이유는 의대의 본과 과정이 너무 어렵고 힘들기 때문에 그런 과정에 들어가기 전에 충분한 교양을 쌓으라는 뜻이라고 들었다. 그러나 실제로는 그런 취지를 전혀 살리지 못했다. 대학교에 따라 차이가 있지만, 예과에서는 교양과목인 국어·수학·영어·제2외국어 등과 생물·물리화학·유기화학·비교해부학 등을 가르치고 있었다. 최근에는 의학개론이라는 과목을 신설해 질병이나 건강에 대한 개념이라든지 의사학(醫史學)이나 의료윤리를 강의하는 대학도 생겨났는데, 이런 강의가 풍성해진다면 좀 더 유익한 예과 시절을 보낼 수 있을 것이다.

앞날에 대한 여러 가지 고민을 선배들과 나눌 수만 있었어도 그 고민의 크기는 줄어들었을 것이라고 생각하지만, 내가 학교 다닐 때 선배들과는 캠퍼스가 떨어져 있었고, 같은 공간에 있다 해도 선배들이 항상 바쁜 탓에 쉽게 만날 수도 없었다.

그러다 한 친구의 소개로 사회와 역사에 대한 책을 읽으며 토론하는 독서회에 들어가면서 내 생활에 변화가 생겼고, 그에 따라 건조한 예과 생활의 갈증은 부분적으로나마 풀렸다. 경제사와 한국 근대사를 공부하고, 노동문제와 농촌문제를 공부하는 동안 세상의 숨은 의미를 파악하는 방법을 미약하게나마 터득했다. 신문에 실리는 것이 세상 모습의 전부가 아니라는 사실도 알게 되었다. 세상에는 그보다 훨씬 많은 것들이 숨겨 있고, 그것들에 의해 역사의 수레

바퀴가 굴러 간다는 것을 깨달았다.

의예과 생활을 제대로 해낼 수 있으리라는 자신감이 들 무렵 의예과를 수료하게 되었다. 나는 정든 캠퍼스를 떠나며 작별의 손짓을 했다. 대학이란 곳에 멋모르고 찾아온 촌놈이 한참을 헤맨 뒤에 마침내 친구들과 소중한 우정을 나누며 예과 2년을 보낸 것이다.

의과대학 본과 생활 4년

대학에 따라 조금씩 다르지만 본과의 교과과정을 간단히 살펴본다면 본과 1학년에서는 해부학·조직학·생리학·생화학을 배우고, 2학년이 되면 약리학·병리학·기생충학·예방의학·미생물학을 배우고, 이에 덧붙여 기초 과목과 임상 과목을 연결하는 통합 강의가 시작되고, 3학년이 되면 본격적으로 내과·외과·산부인과·소아과·정형외과 등의 임상 과목들을 배우고, 4학년이 되면 피부과·비뇨기과·안과·이비인후과·마취과·방사선과·성형외과 등을 배운다.

우리의 의과대학 본과 생활은 예과의 마지막 겨울부터 시작되었다. 각 고등학교 동창회별로 또는 동아리별로 해부학에 대한 예비교육을 받아야 했다. 그룹에 따라 생화학과 생리학에 대한 예비교육까지 하는 경우도 있었다. 나도 한 그룹에서 예비교육을 받으면서 두개골을 비롯한 실제 뼈를 처음으로 만져 보며 뼈의 이름을 외웠다.

3월 2일, 드디어 본과의 첫날이 밝았다. 간단한 진입식이 있었고, 수업이 시작되었다. 의예과 신입생 환영회 등에서 으레 불리던 '예과 찬가'에 따르면 예과는 천국이고 본과는 지옥이라고 했는데, 과연 이 지옥을 무사히 통과할 수 있을까? 모두 잔뜩 긴장하고 있었다. 의예과에 같이 입학한 160명 중 30명가량이 벌써 탈락해서 우리 동료는 130명밖에 없었고, 여러 가지 사정으로 위에서 밀려온 30명 정도가 합류해 다시 160명을 약간 넘는 인원이 우리 학년을 이루고 있었다. 자리를 잘 잡아야 슬라이드가 잘 보이기 때문에 수업할 때 자리 경쟁이 심했다. 학교 앞에서 하숙하던 친구는 아예 아침 일찍 자리를 잡아 놓고는 집에 가서 밥을 먹고 다시 학교에 오기도 했다.

처음으로 해부학 실습을 하는 날이었다. 낡은 해부학 실습관으로 찾아가 조별로 카데바(해부 실습용 시신) 앞에 모이라는 연락을 받았다. 그때 우리 조는 여덟 명이었다. 여덟 명이 한 학기 동안 카데바 한 구를 해부하는 것이다. 돌로 된 긴 탁자 위에 푸른 천으로 덮인 카데바가 있었다. 포르말린 냄새가 코를 찔렀다. 모두 조금씩 긴장했기 때문인지 조용했다. 누군가 이런 정적을 깨뜨리기라도 하려는 듯 푸른 포를 들췄다. 아뿔싸! 60쯤 되어 보이는 할아버지가 창백한 얼굴로 비닐에 싸인 채 누워 있었다. 우리는 못 볼 것을 본 듯

한 심정이었다. 해부학 조교가 조금씩 웅성거리는 학생들에게 해부용 칼로 머리털을 깎으라는 지시를 내렸다. 아무도 선뜻 나서지 못하는데, 한 학생이 용감하게 칼을 대기 시작했다. 그러나 면도하다가 살을 약간 베고 말았다. 우리는 모두 "우욱!" 하며 몸을 움츠렸다. 우리의 해부학 실습은 이렇게 시작되었다.

실습을 하면서 카데바에 익숙해졌다. 이 할아버지는 어떤 사연을 안고 살아왔을까? 그리고 어떤 기구한 운명으로 이곳에까지 오게 됐을까? 우리가 이 할아버지의 시신을 통해 의학을 익혀 다른 사람들을 살린다면 이 할아버지는 세상에 좋은 일을 하는 셈인가? 카데바와 친해지자 그 옆에 혼자 남아 해부학 책에 나오는 근육과 혈관과 신경을 확인하면서 아예 시체의 손을 악수하듯이 잡고 다정하게 앉아 공부하기도 했다. 우리에게는 나름대로 인체의 각 부분을 익혀 나간다는 즐거움이 있었다. 어쨌든 의사가 되기 위한 첫걸음이 아닌가!

생리학 실습 시간에는 자라, 토끼, 흰쥐 등을 실험동물로 사용하는 경우가 종종 있다. 우리 대학의 실험실습실 앞에는 지나치기 좋은 위치에 가로세로가 각각 50, 70센티미터 정도 되는 비석이 하나서 있는데, 거기에 "우리는 감사한다."라고 새겨 있다. 바로 자신의 몸을 해부용으로 제공한, 연고자 없이 사망한 불우한 사람들과 실험용 흰쥐와 토끼 등의 영혼을 위로하기 위한 것이다.

본과 2학년이 된 1980년은 흔히 '서울의 봄'이라고 불리던, 민주화를 향한 투쟁의 시절이었다. 1학기는 계엄령과 휴교령 속에 수업을 통 못 했고, 2학기는 1년분의 수업을 6개월에 해치우느라 몹시 바쁘게 보냈다. 당시 군사정권의 억압적인 통치에 대해 무척 비판적, 비관적으로 생각하던 나는 수업에 적응하는 일이 상당히 어려웠다.

본과 3학년에 접어들어 본격적으로 의학의 맛을 보는 기분이 들었다. 하루에 두 시간씩 하는 강의는 내과, 외과, 정형외과, 소아과, 산부인과로 짜였다. 그리고 1, 2학년 때와 비교해 가장 커다란 차이는 의사들이 입는 가운을 입게 된 것이었다. 하얀 가운을 걸쳐 입고 넥타이를 매고, 사뭇 엄숙한 표정으로 혹시나 의사가 아니고 학생이라는 것을 들킬세라 병동을 돌아다니면서 진찰하고 환자의 증상을 물어보고 환자 의무 기록을 열심히 살펴보면서 지냈다. 그러나 어느 대학이나 마찬가지이겠지만 실습하는 학생들을 병동에서 따뜻하게 맞이하는 법은 없었다. 병동에 있는 선배 레지던트들은 너무나 바빠 후배들의 실습을 도울 겨를이 없었다.

본과 4학년이 되었다. 어느새 그렇게 길게 느껴지던 6년의 세월이 끝나 간다는 기분이 든다. 이때쯤 되면 성적에 대해서도 전보다 신경을 덜 쓰게 된다. 이제는 성적이 크게 변하지 않을 것임을 알기 때문이다. 수업을 듣는 과목들도 피부과, 비뇨기과, 안과, 이비인후과 등 부담이 적고 학점 배당도 적은 것들이었다. 가을바람이 불 때쯤이면 어떤 병원에서 수련을 받을지, 무슨 과를 선택할지, 군대는 언제 갈지에 대해 서로 눈치를 보고 정보를 입수하는 한편, 의사국가시험에 대비해야 한다.

대학 졸업과 무의촌 생활

드디어 무사히 졸업했다. 본과 1학년에 같이 들어간 동료들 중에서 10여 명은 여러 사정으로 함께 졸업하지 못했다. 의과대학 졸업생들은 진로가 몇 가지로 나뉜다.

먼저 기초의학을 하는 사람들로 그 수는 아주 적다. 기초의학이란 해부학, 조직학, 생리학, 생화학, 약리학, 기생충학, 미생물학 등 의학의 밑바탕이 되는 분야를 말한다. 이 분야를 전공하면 대개 환자를 진료하는 임상적인 일을 하는 대신 대학이나 연구소에서 평생을 연구에 바친다. 이런 일을 하려면 역시 그 분야에 흥미를 느끼고 평생 동안 그 일을 지속할 만한 의욕이나 의지가 있어야 한다. 특히 공부하는 초기에는 경제적으로 독립하기가 어렵다는 점이 그동안 의과대학 졸업생들에게 인기가 없었던 이유 중 하나지만, 최근에는 그런 문제가 약간 해결된 데다 다른 분야의 경쟁이 심해져 기초의학 분야도 경쟁이 만만찮게 되었다.

다음으로는 환자를 치료하는 길로, 나는 이것이야말로 의사의 길이라고 생각한다. 의과대학을 마치고 의사국가시험에 합격하면 의사 면허가 나오는데, 수련을 받지 않은 의사를 전문의와 구별해 일반의라고 한다. 일반의가 된다는 것은 대한민국에서 어떤 종류의 의료행위도 할 수 있다는 것을 뜻한다. 개원을 할 수도 있고, 다른 병원에 취업을 해도 된다. 그러나 우리나라의 경우 의과대학만 마친 상태에서는 임상 경험이 부족하기 때문에 환자를 진료하는 데 어려움이 많다. 그리고 병원에 취직하려 해도 보수가 적고, 개원을 해도 환자들이 별로 신뢰하려 하지 않기 때문에 거의 대부분의 의대 졸업생들이 전공의(레지던트) 수련을 받으려고 한다. 그러나 최근에는 전공의 수가 제한되어 있어서 경쟁이 대단히 심한 상태다. 따라서 앞으로는 이런 피치 못할 사정 탓에 일반의로 개원하는 의사들이 늘어날 것이다.

병역을 마치거나 면제받은 남자와 여자를 제외하고는 의사들도 당연히 군대에 가야 한다. 대개 전공의 수련을 마치고 군대에 가고 싶어하는데, 나이가 젊을 때 수련을 받는 것이 아무래도 수월하기 때문이며, 인턴·레지던트 시험을 보았다가 떨어지면 그때 군대에 가는 것을 고려해도 늦지 않기 때문이다. 군대에 갈 경우 일부는 현역으로 입대하고, 일부는 공중보건의로 무의촌에 가게 된다. 무의촌에 갈 경우, 전문의 자격을 취득한 사람들은 종합병원 규모의 병원에서 자기 전공에 맞는 일을 하고, 수련을 받지 않고 가는 경우에는 주로 보건지소에서 근무하게 된다.

나는 의과대학 시절에 시를 쓰는 일에 큰 관심을 갖게 되었다. 무의촌에서 3년을 지내는 동안 좋아하는 시를 마음 놓고 쓸 수 있으리라는 기대로 아무 병원에도 응시하지 않은 채 의사국가시험만 보았다. 그리고 10주 동안 군사훈련을 받고는 내 희망대로 전라북도의 무의촌에 배치되었다. 6년 만에 고향으로 돌아간 셈이다.

지방 학생으로서 서울이라는 각박하고 타산적인 도시에서, 더구나 의과대학의 과도한 경쟁을 치러 내느라 시달린 내 영혼은 마냥 즐거웠다. 더구나 선유도라는, 해수욕장도 있는 서해의 아름다운 섬으로 배치되었음에랴.

남원의료원에서 한 달 동안 실습을 마친 뒤 섬으로 가기로 했다. 남원의료원에서는 각 과 과장들의 지도 아래 많은 걸 배웠다. 먼저 응급실에서 찢어진 상처 꿰매는 방법을 배웠으며, 각 과를 돌아다니면서 흔한 질병을 진단하고 처방하는 방법을 익혔다. 남원은 농촌 지역이라 억울하고 우울한 일이 있으면 농약을 마시는 일이 잦아 응급실에서 농약을 마신 사람들의 위세척을 하는 일이 흔했다.

어느 날 가정불화로 농약을 마시고 찾아온 30대 젊은 여자의 위장을 세척하면서 나는 내가 비로소 의사라는 사실을 실감했다. 농약이 위장을 통해 흡수되기 전에 재빠르게 효과적으로 세척하고 적절한 항독제를 투여하면 이 사람은 살아날 수 있을 것이라는 생각으로 나는 더욱 힘을 내 세척했다. 그리고 그 사람은 좋아져서 퇴원했다.

무의촌 생활이 내게는 대단히 행복한 시절이었다. 때로 외롭고 괴로운 일도 있었지만, 무엇보다 여유 있는 시간을 가졌다는 점에서 전무후무한 시기로 보아도 될 것이다.

수련의 과정

의과대 학생들이 대부분 성적에 마음 졸이는 것은 결국 졸업 후 수련 문제와 직결되기 때문이다. 대개 의대생들은 모교 병원에 남기를 원한다. 그러나 모집 정원이 한정되어 있어서 심한 경쟁을 하게 마련이다. 대학마다 다르지만 졸업생 중 절반 정도가 대학 병원에 남는다. 나머지 반은 다른 병원을 찾아야 하며 공개경쟁을 해야 한다. 당시에는 일부 병원의 이야기이겠지만, 그 과정에서 청탁과 금품이 오간다는 뒷소문이 떠돌기도 했다. 그러나 지금은 많이 투명해졌다.

인턴들은 이렇게 앞날이 불확실하기 때문에 불안감을 느끼는 경우가 많다. 또 자신들이 하는 일이란 것이 주사를 놓고 혈액을 채취하고, 검사 결과를 확인한다든지 하는 매우 사소한 일들이 대부분이어서 큰 보람을 느끼지 못하는 경우가 적지 않다.

그런 사정은 레지던트가 되면 조금 나아진다. 자신이 앞으로 배

위야 할 내용들이 정해져 있고 자신을 지도할 선배 의사들도 정해져 있어서 심리적으로는 안정되기 때문이다. 그러나 레지던트의 생활은 의외로 고달프다. 대개 1주일에 두세 번 집에 들어갈 수 있을 정도니까 가정을 이룬 사람들은 아이가 얼굴을 잊어버렸다고 하소연하기도 한다. 밤늦게 집에 들어가도 다음 날 일찍 출근해야 하니 당직이 없는 날도 집에 가는 일이 부담만 되는 정도다. 그럴 때면 "사윗감으로는 의사를 구하고, 아들은 고생스러우니 의사를 시키지 않는다."는 말이 실감되기도 한다.

레지던트를 괴롭히는 것 중 한 가지는 경제적인 자립이 어렵다는 점이다. 사람들은 의과대학을 졸업하면 바로 자립하는 줄 알지만 실제로는 경제적으로 빠듯한 생활을 하거나 아예 집에서 돈을 타다 써야 할 정도밖에 안 된다.

수련 과정을 마치고 나서

수련 과정을 마치면 대개는 개원을 하거나 취직을 한다. 취직은 개인 의원이나 종합병원에 한다. 보통 이런 병원에 취직해 돈을 모아서 마음의 준비가 되면 개원을 한다. 취직했을 때 한 달 수입은 전공의 시절에 비하면 여유가 많이 생긴다. 그러나 전공한 과와 지역에 따라 차이가 있다. 그리고 최근에 의사들이 많이 배출되면서 수입이 차츰 줄어드는 경향이 있다.

현재 개원하고 있는 선배나 동료 들의 얘기를 들어 보면 매우 어렵다고 한다. 건물 세가 많이 올라, 열심히 벌어도 건물 소유주가 챙겨 가는 월세나 전세금을 대기가 힘들다는 것이다.

많지 않은 경우지만 대학 병원에서 교수가 되는 길도 있다. 대학 병원에 남으려면 전공의 수련을 마친 뒤에도 전임의(펠로우)라는 과정을 거쳐야 하고, 연구와 교육과 진료에 힘써야 한다. 어느 분야, 어느 대학이나 마찬가지지만 의과대학에 남는 일은 경쟁이 매우 치열하다. 또한 경제적으로도 어렵고, 준비 기간도 많이 필요하고, 때로는 운도 따라야 한다. 학벌이 중요한 작용을 하는 경우도 있다.

미래의 후배들에게

내 경험을 중심으로 의사가 되는 과정을 살펴보았다. 그런데 의사가 되고 싶은 학생이 지금 의사가 되는 모든 과정을 안다고 해서 의대에 진학할 수도 없으려니와 그럴 필요도 없다. 다만 의사라는 직업이 멋진 신랑감, 신붓감이 되어 돈방석에 앉는 달콤한 직업이 아니라는 점은 알아야 할 것이다. 내 경험에도 꽤 혹독한 시련이 많았다. 그러나 의과대학에 가려는 사랑스러운 후배들을 말릴 생각은 추호도 없다. 의사의 길이 어렵기는 하지만, 적어도 전문가로서 국민의 건강에 이바지할 수 있다는 확실한 긍지를 가질 수 있기 때문이다.

특히 여성들은 대학 시절까지 나름대로 자부심을 가지고 학창 생활을 하다가도 막상 사회에 나오면 차별을 겪고 좌절하는 경우가 적지 않은데, 의사가 된다면 부당한 성차별을 그나마 덜 받을 수 있다는 점을 기억해 둘 필요가 있다.

끝으로 꼭 얘기하고 싶은 것이 몇 가지 있다. 먼저 누구를 위한 의술을 펼 것인가 하는 문제다. 음악가에 비유한다면 귀족들이 식사할 때 소화를 도울 수 있도록 식탁 옆에서 바이올린을 켜는 음악가가 될 것인지, 아니면 씨 뿌리는 농부와 빨래하는 아낙들의 희망과 위안이 되는 노래를 부를 것인지의 문제로 바꿔 얘기할 수도 있겠다.

다음으로 얘기하고 싶은 것은 공자께서 '군자(君子)는 불기(不器)'라고 하셨는데, 군자는 단순히 한 용도로 쓰이고 마는 사람은 아니라는 뜻이다. 의사도 주어진 환경에서 그저 하라는 대로 진료만 하지 말고, 지식인으로서 눈을 크게 뜨고 자신이 우주와 역사와 사회 속에서 어디에서 무엇을 하고 있는지를 깊은 혜안으로 꿰뚫어 봐야 할 것이다.

일찍이 중국에서는 '소의(小醫)는 치병(治病)이요, 중의(中醫)는 치인(治人)이요, 대의(大醫)는 치국(治國)'이라 일컬었다. 의과대학에 진학하려는 학생들은 단순히 병만을 고치는 작은 의사가 될 것인지, 아니면 인간을 고치는 평범한 의사가 될 것인지, 아니면 사회

전체 또는 의료 체계라고도 할 수 있는 나라를 고치는 큰 의사가 될 것인지를 깊이 생각해 보길 바란다.

_4_
위대한 의사들

　수천 년 전부터 지금까지 의학이 발전하는 데는 많은 뛰어난 의사들이 기여했다. 특히 빛나는 업적을 남긴 이로는 서양의학의 기초를 닦은 히포크라테스에서부터 고대 의학을 정리한 갈레노스, 잘못된 해부학을 바로잡고 새로 정립한 베살리우스, 혈액 순환설을 처음 주장한 하비, 근대적인 실험 의학의 토대를 만든 베르나르, 미생물이 수많은 질병의 원인임을 알아낸 파스퇴르와 코흐, 예방접종 방법을 만들어 낸 제너, 항생제를 발명한 플레밍 등을 꼽을 수 있다.

　그 가운데서 덜 알려져 있으면서도 우리가 잊어서는 안 되는 의사들을 소개하려고 한다. 피르효와 골드버거는 질병에 걸린 사람들을 고통에서 구하기 위해 진실을 추구했다. 그리고 그 진실을 널리 알리기 위해 노력하고, 병자들을 위해 감동적인 싸움을 한 의사들이다.

그리고 우리나라의 의사 중에서 널리 존경받는 장기려 박사를 소개한다. 장기려 박사는 가난하고 어려운 환자들을 위해 헌신했으며, 집도 없이 병원 한쪽 방에서 기거하면서 의료보험을 도입하는 등 인도주의에 입각한 진료를 실천했다. 1979년 이런 공로로 막사이사이상을 받았는데, 이때 "나는 너무 가진 것이 많다. 넥타이가 네 개나 된다."라고 말하기도 했다.

슈바이처가 봉사하는 의사로 가장 널리 알려져 있지만, 세계 도처에 조용히 의술을 통해 사회에 헌신하는 사람들이 많음을 우리는 잘 알고 있다. 의사는 조금만 사랑의 정신을 가진다면 많은 사람들을 도울 수 있는 좋은 직업이다.

사회의학을 탄생시킨 피르효(Virchow)

1821년 10월 13일, 피르효가 독일 북해에 가까운 농촌 도시 슈펠바인에서 태어났다. 그의 아버지는 시청의 회계관이었다. 어린 피르효는 배우는 것을 좋아해 아버지 서재에서 책 읽는 것을 즐겼다.

집안이 가난해서 피르효는 1839년에 학비가 들지 않는 베를린의 프리드리히 빌헬름 연구소에 들어가서 군의관이 되기 위한 의학 공부를 했다. 피르효의 스승 중에는 생리학자로 이름을 떨친 요하네스 뮐러가 있다. 그리고 뮐러의 제자 중에는 동물 세포설을 주장한 슈반이 있다. 동물 세포설이라는 것은 모든 동물이 세포로 이루어졌다는 학설이다. 모든 동물이 세포로 이루어졌다면 인간도 세포로 이루어졌다는 결론을 쉽게 내릴 수 있다.

대학을 졸업한 피르효는 샤리테 병원에서 의학 연구를 계속했는데, 특히 병의 원인을 탐구하는 병리학에 흥미가 있었다. 히포크라테스 시대 이후 오랫동안 인간이 병에 걸리는 원인을 체액설로 설명했다. 즉 우리 몸에는 네 가지 체액이 있는데 이것이 넘치거나 부족할 때 병이 생긴다고 생각했으며, 치료도 이 이론에 근거해 설사를 시키거나 피를 뽑아내어 넘치는 체액을 조절해야 한다고 생각했다. 하지만 이런 치료법은 전혀 효과가 없었을 뿐 아니라 때로는 너무나 많은 피를 뽑아내어 환자가 사망하는 일조차 있었다.

그러다 신체의 기관이나 조직에서 병적인 부위를 찾아내는 학문이 발달하게 되었고, 이것이 바로 병리학이다. 예를 들어, 결핵에 걸린 사람의 폐에서 공동(空洞, 상하거나 염증을 일으킨 조직이 밖으로 나오거나 흡수되어서 생긴 빈 공간이다.)을 찾는다든지 위암에 걸린 환자에게서 암 덩어리를 찾는 것이다. 초창기의 병리학자들은 육안으로 병적인 모양을 관찰해야 했지만 피르효는 인간의 질병에서 나타나는 병적인 현상을 현미경을 이용해 세포에서 찾으려고 했다. 당시 현미경은 도입된 지 얼마 안 돼 사람들이 그 이용법을 잘 모르고 있었다. 피르효는 면도날을 이용해 얇은 절편을 만들어 현미경을 통해 300배까지 확대해서 세포를 관찰할 수 있었다. 처음에는 죽은 사람의 시신을 부검하는 과정을 통해 질병의 원인과 경과를 관찰하려고 했지만, 나중에는 산 사람의 세포까지 확인하려고 했다.(산 사람의 세포를 검사하는 것을 조직검사 또는 생검이라고 한다.) 그는 이 새로운 분야에서는 모든 것을 처음부터 새로 시작해야 한다는 것을 알게 되었다. 밤 11시에서 12시까지, 때로는 새벽까지 일할 정도로 열심히 일했다. 1847년 그는 친구이자 동료인 라인하르트와 함께 병리학에 대한 잡지 『병리해부학·생리학·임상의학을 위한 잡지』를 창간해 그가 죽던 1902년까지 편집했다.

피르효는 평생 동안 이런 노력을 통해 세포병리학이라는 의학의 한 분야를 개척하고 정착시켰다. 그의 노력을 통해 많은 병의 진단이 점점 명확해졌다. 과거에는 어떤 환자가 열이 나면 '열병'이라는 진단을 붙였다. 실은 열이 나는 질병이 너무나 많아서 수많은 질병이 뒤섞여 있지만 그것을 구별할 방법이 없었다. 하지만 피르효는 인체의 어느 부분에 어떤 변화가 발생했는지를 세포 수준에서 찾아내어 질병을 정확하게 분류하고 진단하는 데 크게 기여했다. 특히 암을 진단할 때 지금도 현미경을 통한 세포 검사로만 확진하는데, 이는 피르효가 정립한 세포병리학에 근거한 것이다. 그는 혈액에 생기는 암인 백혈병도 진단해 냈다. 그는 세포병리학의 위대한 승리를 요약해서 "모든 의학이 300배 진실에 근접했다."고 주장했다.

그의 인생에 중요한 전환점이 된 사건이 있다. 1848년에 슐레지엔 지방에 흉작이 들어 주민들이 굶주리는 가운데 티푸스가 유행한 것이다. 이것은 이와 빈대와 벼룩으로 전염되는 병으로서 150만 주민 가운데 많은 희생자가 발생했다. 플레스 지역에서는 한겨울 동안에 인구 중 10분의 1이 죽었다.

독일 정부는 그들에 대해 관심이 없었기 때문에 그냥 방치했다가 신문에서 보도하자 하는 수 없이 정부 측 의사를 파견했고, 당시 27세였던 피르효가 동행했다. 그의 임무는 유행병의 정체를 밝히고, 효과적인 퇴치 방법을 찾아내는 것이었다.

그는 2주 동안 현지에 머물면서 그들의 질병 경과와 삶을 관찰했다. 사람들이 도처에서 죽어 나가는 광경은 매일 시체를 보는 데 익숙하던 피르효에게도 끔찍한 느낌을 주었다.

"비참은 끝이 없습니다. 대부분의 집들은 보잘것없이 허술합니다. 게다가 방은 좁고, 그것도 사람과 가축이 같이 기거하며, 창은 작고 열리지도 않습니다. 방이라고 해야 부엌과 침대가 차지하고 있습니다. 그런 속에서 사람들이 살고 있지요. 사람들은 맨발로 눈 위를 걷습니다. 발은 엉망이고, 얼굴은 창백하고, 눈동자는 흐려 있습니다. 그들은 무언가에 대한 기대로 차 있으며, 애절하게도 우리

옷자락, 무릎에 입을 맞춥니다. 소름이 끼칩니다.”

그는 불결하기 그지없는 주거지와 극빈자 요양소 등의 병상을 찾았으며, 필요하면 부검을 하기도 했고, 사무실에서 통계를 조사하고, 지방 당국과 개업의 그리고 자원자들과 상의해서 보고서를 작성했다. 그는 악질적인 대량 발병이 의학적인 원인보다는 주로 사회적인 원인에서 온다는 결론을 내렸다. 그는 슐레지엔 전염병의 원인 세 가지를 찾았다. 첫째는 대지주다. 그들은 그 지역 농민들의 노동력을 100년이란 긴 세월 동안 착취했다. 둘째는 정부였는데, 슐레지엔 사람들을 철저히 무시했기 때문이다. 셋째는 교회와 종교인이다. 문맹에 빠져 있는 민중을 무식과 미신과 나태 속에 방치한 책임이 있었다.

그는 슐레지엔 지방의 해결책에 대해 “오로지 완전하고 제한 없는 민주주의의 실현을 통해서만 가능하다고 할 것이다.”라고 결론지었다. 그의 보고서는 의학적인 보고서를 넘어 정치적인 호소였고, 사회의 양심에 대한 일깨움이었다.

그해에 독일 베를린에서는 3월 혁명이 벌어졌다. 프랑스혁명의 영향을 받은 독일 국민이 국민의 권리를 주장하고, 보통선거를 주장했으며, 인권을 보장하라고 요구했다. 피르효는 이 혁명에 공감해 권총까지 차고 열심히 동참했다. 그는 혁명의 분위기에서 의학적인 관심사들을 혁명 정신과 연결하려고 『의학개혁』이란 주간신

문을 창간해 적극적으로 자신의 주장을 펼쳐 나갔다. 그의 이런 주장은 훗날 사회의학이라는 이름으로 알려졌다.

피르효는 질병이나 건강의 문제에서 생물학적인 원인뿐 아니라 사회경제적인 원인이 중요하다는 생각을 했는데, 이는 그동안 아무도 주목하지 않은 대목이었다. 간단히 말해서, 잘 먹고 좋은 주거 환경에서 사는 사람들은 결핵이나 티푸스에 잘 안 걸리지만, 잘 먹지 못하고 불결한 환경에서 사는 사람들은 질병에 잘 걸린다. 따라서 티푸스가 유행할 때 그에 대한 근본적인 해결책은 단순히 이나 벼룩이나 빈대 몇 마리를 퇴치하는 게 아니라, 그들의 먹을거리와 주거 환경을 개선하고, 그들을 무지와 몽매에서 벗어나도록 교육하고, 그들의 정치적인 권리를 확대하는 것이라고 했다. 그는 '의학은 그 본질 면에서 사회과학'이라고 주장하기도 했고, '의학은 정치학'이라고 표현하기도 했다.

그는 국가가 국민의 건강을 위해서 노력해야 하며, 그래야만 슐레지엔 지방에서 전염병 유행과 같은 대형 참사를 막을 수 있다고 주장했다. 또한 작업장에서 위생 조건을 지켜야 하며, 임산부와 젖먹이를 둔 부인은 중노동을 안 하도록 보호해야 하며, 노동시간을 제한해야 하고, 연소자를 보호하기 위해 공장 취업자에 대한 나이 제한이 필요하다고 주장했다. 당시로서는 새로운 주장들이었지만, 현대사회에서는 모든 복지국가가 받아들이고 있다.

프랑스와 마찬가지로 독일에서도 혁명은 순탄치 않았다. 3월 혁명에 대한 반발로 보수적인 집단이 정권을 장악하자 샤리테 병원에서 의학자로서 이름을 날리던 피르효를 파면한다. 1849년 그는 뷔르츠부르크에서 교직을 얻어 그곳에 독일 최초로 병리해부학과를 창설했다. 그리고 여기서 7년을 지내는 동안 세포병리학을 정립했다.

1856년 피르효는 병리학 연구소 건물을 새로 짓는다는 조건하에 베를린 대학교 교수 자리를 맡았고 평생을 그 자리에 있었다.

사회 개혁에 관심이 많던 그는 1859년에 직접 정치에 입문했다. 베를린 시 운영위원회 위원이 되었고, 평생 그 직을 맡으면서 주로 공중 보건에 대한 일을 했는데, 베를린의 하수처리 시설과 식품의 위생 감시를 강화했다.

그는 프로이센(독일의 전신으로 1701년에 세워졌다.) 진보당을 결성했고 1861년에는 프로이센 의회의 의원이 되어 비스마르크(1815~1898. 프로이센 수상이 된 후 강력한 부국강병 정책으로 독일을 통일해 '철혈재상'으로 불린다.)의 전쟁과 팽창 정책에 반대했다. 한번은 정치적으로 논쟁하다가 화가 난 비스마르크가 피르효에게 결투를 신청했다. 당시 관례상 싸울 무기는 신청을 받은 자가 결정하게 되어 있었는데 피르효가 소시지로 결투하자고 응수했고, 비스마르크는 바로 결투를 취소했다고 한다. 의료보험 제도나 노동자들을 위한 재해보험법을 세계에서 최초로 도입했다는 영예는 비스마르크가 차지하고 있지만, 피르효의 주장이 비스마르크로 하여금 이런 문제를 생각하게 했다는 점에서 피르효의 공로도 잊어서는 안 될 것이다.

그는 귀족 칭호를 주겠다는 제안을 정중하게 거절했다고 한다. 평생을 귀족이 아닌 시민의 편에서 살았기 때문이다. 그리고 1902년 기차에서 넘어져 골절상으로 사망했다.

피르효는 세포병리학을 정립해 우리가 질병을 진단하고 이해하는 데 새로운 시야를 제공했으며, 질병과 건강이 단순히 생물학적인 원인으로만 결정되는 게 아니라 사회경제적인 원인의 작용이 크다는 것을 강조해 현대 보건 의료 정책의 방향을 정했다는 점에서 꼭 기억해야 할 의사다.

펠라그라 퇴치에 공을 세운 골드버거(Goldberger)

골드버거는 1874년 7월 16일 헝가리 기랄트에서 가난한 유대인 목동의 아들로 태어났다. 양 떼가 병으로 죽어 버리자 그의 부모는 1883년 여섯 아이를 데리고 뉴욕으로 이민 가 피트 거리에서 조그만 식품점을 열었다.

골드버거는 뉴욕시립대학교를 졸업했고, 처음에는 공학을 전공할 생각이었으나, 1895년 벨레뷰에서 의학을 공부해 의사 면허를 취득한다. 의사로서 개업했지만 새로운 것을 더 배우고 싶은 열망 때문에 1899년, 나중에 미국 보건복지부 공중보건국으로 바뀐 해군병원으로 자리를 옮긴다. 유럽에서 뉴욕 항구로 들어온 이민자였던 그가 공중보건국에서 처음으로 맡은 일이 바로 중부 유럽에서 뉴욕으로 들어오는 이민자들의 건강과 질병 감시였다.

1902년에서 1906년 사이에 골드버거는 전염성 질환의 유행을 저지하는 활동을 했다. 그는 멕시코·푸에르토리코·미시시피·루이지애나에서 황열병을 관리하는 일을 했으며, 업적을 쌓아 승진을 거듭했다. 그 자신은 가난한 이민자의 아들이었지만, 남북전쟁 시절 남부 대통령이던 제퍼슨 데이비스의 인척이며 부유하고 사회적으로 명망이 높은 성공회 집안의 딸과 결혼했다.

골드버거는 온갖 전염병이 발생하는 곳마다 파견되어 전염병 관리를 도맡았다. 1914년 디트로이트에서 시작된 디프테리아의 유행을 저지하는 데 기여하다가 자신의 운명을 바꾸는 명령을 미국 정부로부터 받는다. 바로 펠라그라 연구를 시작하라는 명령이었다.

펠라그라는 어떤 병인가? 이 무서운 병은 유럽과 미국 남부를 18세기부터 19세기 초까지 휩쓸었다. 마치 피부병처럼 시작되어 설사를 일으키다가 심해지면 정신 질환과 사망에 이르는데, 사망률이 높은 곳은 무려 40퍼센트에 이르렀다. 이 질병은 주로 빈민촌을 강타해 에스파냐 북부, 프랑스 남부, 오스트리아, 이탈리아 북부, 루마니아, 터키 지역의 빈민과 농민 들이 희생당했다.

미국 남부 지역에도 이 병이 만연해 1907~1940년에 대략 300만 명이 펠라그라에 걸리고 그중 10만 명이 사망했으며, 사우스캐롤라이나 주에서만 3만 명의 환자가 보고되었다. 의회는 미 보건성에 이 질병에 대한 조사를 의뢰했고, 1914년 골드버거가 이 일의 책임을 맡게 된 것이다.

일리노이 주의 펠라그라 위원회는 펠라그라를 전염병으로 규정하고, 그것을 일으키는 병원균을 찾아야 한다고 결론 내렸다. 농촌이나 교도소, 정신 질환자 수용소, 고아원에 집단적으로 발생했기 때문이다. 또한 당시에 문제가 되던 장티푸스, 발진티푸스, 말라리아, 천연두, 홍역, 콜레라 등이 모두 병원균이 일으키는 전염병이었으니 그렇게 생각하는 것이 당연했다.

그런데 희한한 일은 사우스캐롤라이나 주립 병원에서 약 900명의 환자가 발생했는데 이상하게도 간호사와 병원의 직원들은 한 명도 걸리지 않았다. 전염병이라면 환자와 접촉하는 사람들도 걸릴 법한 일인데, 한 명도 걸리지 않은 것은 무엇 때문일까? 골드버거는 심각하게 고민하기 시작했다.

이와 마찬가지로 조지아 주립 수용소에 있던 418명 중 7.65퍼센트인 32명이 펠라그라에 걸렸는데, 그중 수용소의 직원은 단 한 명도 없다는 것을 확인했다.

골드버거는 펠라그라가 단순한 전염성 질환이 아니라면 다른 어떤 원인이 있을지를 고민했다. 특히 고아원의 고아들과 정신 질환자 수용소의 환자들이 관리자들과 어떤 점에서 차이가 날지를 고민했다. 그리고 음식물이 원인이 될 수 있다는 데에 생각이 미쳤다.

그러나 음식물이 원인이라고 해도 이를 어떻게 증명할 것인가? 원인을 완전하게는 몰랐지만 먼저 고아와 수용소 환자 들의 식사를 관리자의 식사처럼 바꿔 보기로 했다.

미시시피 주의 고아원 두 곳과 조지아 주의 정신 질환자 수용소를 선정해 모든 환경, 즉 식수라든지 주변 청결 상태는 그대로 두고 음식만 개선하기로 했다. 즉 고아원 아이들과 정신 질환자들에게 우유를 공급하고, 버터를 먹이고, 달걀도 제공하고, 신선한 육류도 공급했다. 그 결과 1914년 6개월 동안 79명의 환자가 있었는데, 67명이 1년 안에 회복했고, 새 환자는 단 한 명도 없었다. 펠라그라가 음식 때문에 생긴다고 주장할 만한 강력한 근거가 마련된 것이다. 그러나 이것만으로는 충분하지 못했다. 골드버거의 이론은 당시 펠라그라의 전염병균이 있다고 믿는 일반적인 의견에 배치되는 것이었다.

더 적극적인 증명 방법은 중요한 영양분이 결핍된 식사를 제공해 실제로 펠라그라를 일으키는 것이었다. 당시 펠라그라가 발생한 수용소나 고아원은 주식으로 옥수수를 먹이고 있었다. 골드버거는 옥수수를 주식으로 할 때 필수영양소 중 무언가가 결핍되어 펠라그라가 발생한다고 생각했다. 그러나 누구를 대상으로 그런 실험을 할 것인가? 할 수 없이 죄수들을 대상으로 실험하기로 결정했다. 지금은 죄수라 해도 인권 때문에 이런 임상 실험을 해서는 안 되지만 당시에는 용인되었다.

미시시피 주지사의 협조를 받아 실험에 참가하면 석방해 준다는 조건을 걸고 열한 명의 자원자를 모아 5개월 동안 옥수수만 먹였다. 결과는 예상한 대로 나왔다. 열한 명 중 여섯 명에게 펠라그라가 발생했다. 이때 펠라그라의 진단은 연구팀이 하지 않고, 유명한 피부과 의사가 독자적으로 하도록 했다. 물론 실험이 끝난 뒤 이 죄수들에게 정상적인 식사를 주었고, 모두 완치했다.

이 실험 결과를 의학계에 보고했을 때, 일부 의사들은 노벨상을 받을 수 있는 업적이라고 찬사를 보냈지만, 일부에서는 이 실험을 믿을 수 없다고 보았다. 맥닐이라는 유명한 의사는 미국의학협회지(JAMA)에 그 결과를 의심한다는 논평을 싣기도 했다.

화가 난 골드버거는 마지막 노력을 하기로 했다. 만약 펠라그라가 전염성 질환이라면 그 환자들의 혈액이나 타액과 코의 분비물에 그 균이 있을 테니, 그런 체액들을 직접 투여해서 펠라그라에 걸리지 않는 것을 확인하려는 것이었다. 물론 이런 실험도 분명히 위험했다. 만약 정말로 병원균이 펠라그라를 일으킨다면 펠라그라에 걸릴 수도 있고, 사망에 이를지도 모른다. 누가 이 실험에 응할 것인가?

골드버거는 놀랍게도 자신을 대상으로 이 실험을 하겠다고 선언했고, 그의 아내도 실험 대상자로 자원했다. 거기에 보건성의 펠라그라 연구팀 열네 명도 이 끔찍한 실험에 참여하기로 했다.

물론 이렇게 할 수 있었던 것은 자신의 연구에 확신을 가졌기 때문이다. 연구팀은 펠라그라 환자의 혈액 네 명분, 콧물 네 명분, 상피세포 다섯 명분, 소변이나 대변 열여섯 명분을 채취했다.

1916년 4월 26일 골드버거는 의사이자 그의 조수였던 조지 휠러의 팔에, 휠러는 골드버거의 팔에 펠라그라 환자 혈액을 주입했다. 그들은 펠라그라 환자의 콧물과 입 속 분비물을 자신들의 코에 발랐다. 그들은 펠라그라 환자의 발진 세포들과 대변의 추출물을 알약 형태로 만들어 삼키기도 했다. 골드버거의 아내도 5월 7일 펠라그라 환자의 혈액을 주사로 맞았다. 그들 중 아무도 펠라그라에 걸리지 않았다.

지금 생각할 때 이 실험은 매우 위험한 실험이 아닐 수 없다. 현재 혈액으로 감염되는 질환으로 알려진 것만 해도, B형간염·C형간염·에이즈·매독·말라리아 등이 있다. 이런 질환이 당시에는 잘 알려지지 않았지만, 만약 펠라그라 환자 중에 이런 질병에 걸린 환자가 있었다면 감염될 수도 있었던 것이다. 하지만 이 숭고한 연구팀에 그런 불행이 찾아오진 않았다.

어쨌든 이런 엄격한 실험을 통해서 골드버거는 펠라그라가 전염병이 아니고 음식물에 의해서 발생하며, 충분한 영양 섭취를 통해서 막을 수 있음을 증명해 보였다.

그러나 골드버거는 환자들이 섭취한 음식물 중에서 무엇이 부족한지를 알아내진 못했다. 1937년에 이르러서야 콘래드 엘브헴이 비타민 B의 일종인 니아신 부족이 원인이라는 것을 밝혀냈다. 옥수수에는 니아신이 부족해서 그것만 주식으로 할 경우 펠라그라에 걸린 것이다.

그러나 니아신이 부족하다는 것까지는 몰랐어도 골드버거는 펠라그라를 예방할 수 있었다. 그 일이 쉽지는 않았다. 미국 남부 소작농들의 삶을 개선해야 했기 때문이다.

골드버거는 옥수수만 먹을 수밖에 없는 남부 지방 농민들의 참상에 주목했고, 불공정한 소작 제도가 이들을 빈곤의 악순환에 빠뜨린다는 것을 알고는 이를 개선하라고 요구했다. 그러나 이런 노력을 미국 남부에서 좋게만 생각한 것은 아니다. 마치 골드버거의 보고서가 남부를 못살고 질병이 들끓는 지역처럼 묘사한 것으로 오해한 사우스캐롤라이나의 한 의원은 그 지역에 대한 투자가 침체되고 관광이 줄어들까 우려해 분노하기도 했다. 그러나 차츰 미국 남부도 작목이 다양화되면서 그들의 식생활이 바뀌어 펠라그라도 줄어들었다.

골드버거는 신장암에 걸려 1929년 1월 17일 사망했고, 유해는 화장되어 워싱턴 포토맥 강에 뿌려졌다. 그는 남들의 편견을 이겨내고 진리를 추구하고, 그 진리를 위해 헌신했으며, 질병에 걸리는 가난한 농부들의 삶을 개선하기 위해 애쓴 의사로 영원히 자리 잡았다.

가난한 사람들과 함께한 장기려(張起呂)

장기려는 평안북도 용천군에서 1911년 음력 8월 14일에 태어났다. 의성초등학교를 졸업한 장기려는 송도고보(고보는 고등보통학교를 줄인 말로, 일제강점기에 중등교육을 하던 4, 5년제 학교를 가리킨다.)에 합격했다. 송도에서 하숙하던 그는 낮에는 테니스를 치고 밤에는 화투를 치느라 귀한 시간을 낭비하면서 지냈다. 학교 성적도 좋을 리 없었다. 밤늦게 화투를 치고 나서 다음날 학교에 가면 졸려서 공부가 머리에 들어오지 않았다. 더구나 노름을 하다가 돈을 잃기도 했다.

3학년이 되고 어느 날, 그날도 새벽까지 화투를 치다가 용돈을 다 잃었다. 애써서 학비를 보내 주시는 부모님 얼굴이 떠올랐고, 허송세월하는 자신이 한심스러워졌다. 장기려는 마음을 다잡고 우선 세례를 받기로 했다. 세례를 받으면서 새로운 사람이 되는 것을 느꼈다. 다시는 인생을 쓸데없는 일에 낭비하지 않겠다고 다짐했다.

그 뒤 열심히 공부한 결과 수석으로 졸업할 수 있었다. 송도고보를 졸업하고 대학에 진학하려는데 당시 수업료가 가장 싼 학교는 의사를 배출하는 경성의전(경성의학전문학교, 훗날 서울대 의대가 되었다.)이었다. 그는 의사가 되어 가난하고 아픈 사람들을 위해 평생을 바치기로 결심했다.

"하나님, 경성의전에 들어가게만 해 주신다면 의사를 한 번도 못 보고 죽어 가는 사람들을 위해 평생을 바치겠습니다."

그는 간절한 소망대로 경성의전에 합격했고 학창 시절에 하나님과 한 약속을 평생 동안 지켜 나갔다.

대학 졸업이 가까워지자 친구의 소개로 경성의전 선배인 김하식의 장녀 김봉숙과 맞선을 보았다. 혼사가 빠르게 진행되어 졸업 직전에 약혼을 하고 졸업 한 달 후 결혼을 했다. 장기려는 열심히 공부한 덕에 경성의전도 수석으로 졸업하는 영광을 안을 수 있었다.

경성의전을 졸업한 장기려는 백인제 박사 밑에서 외과를 전공했다. 백인제 박사는 경성의전을 수석으로 졸업하고, 당시 의학이 가장 발달했던 독일 베를린 대학에서 공부하고 돌아와 일본인 교수들을 실력으로 압도하는 당대 최고의 의사였다. 어느 날 백인제는 장기려를 대전도립병원 외과 과장으로 추천했다. 그 병원은 시설이 좋았고, 주로 일본인 의사들만이 갈 수 있는 곳이었다. 스승이 이런 자리를 추천해 준다는 것은 출세길에 들어선 것이나 다름없었다. 그러나 장기려는 가난한 사람들을 위해 일할 수 있는 평양기독병원에 가기로 결정했다.

1940년 평양기독병원 외과 과장으로 부임한 그는 의사를 평생 못 보고 죽어 가는 사람들을 위해 살겠다는 약속에 따라 쉬는 날에는 무의촌 진료를 나갔다. 병원에 찾아오는 환자도 소중하지만, 의사를 찾아갈 돈이 없는 사람들을 직접 찾아 나서기로 한 것이었다.

1943년은 장기려 박사가 외과 의사로서 실력을 인정받은 해다. 그가 간암 환자의 간을 절제하는 데 처음으로 성공했다. 최초의 간암 절제 성공 소식은 우리나라 의학계 최고의 뉴스였다.

1945년 해방이 되었지만 기쁨을 채 누리기도 전에 우리나라는 남북으로 분단되고 말았다. 그리고 장기려 박사는 북에서 김일성대학 의과대학 교수로 일하게 되었다.

1950년에는 우리 민족 모두에게 잊지 못할 상처를 남긴 한국전쟁이 벌어졌다. 장기려 박사는 김일성대학 부속병원에서 북한 인민군 부상병들을 치료하고 있었는데 인민군이 평양을 버리고 도망가자 국군과 유엔군이 평양에 입성했고, 그가 이번에는 유엔 민사처 병원에서 치료하게 되었다. 1950년 12월 3일, 운명의 날이 왔다. 중국군에 밀려 국군이 퇴각하기 시작했다. 그는 생명이 소중하다는 생각에서 인민군이든 국군이든 가리지 않고 치료해 주었지만 북한 측에서 볼 때 적을 도왔다고 생각할 수도 있었기 때문에 인민군에게 붙들리면 어떤 곤욕을 치를지 몰랐다. 임시로 피난을 가기로 해서 차남과 함께 대동강을 건넜다가 계속 밀리는 피난민 행렬에 기차로 부산까지 내려가게 되었다. 잠시 중국군을 피해 집을 나선 것이 평생의 생이별이 될 줄 누가 알았겠는가.

장기려 박사는 피난지 부산에서 육군병원에 취직했지만 곧 사표를 냈다. 그리고는 피난민들을 대상으로 무료 진료를 하기 위해 부산시 영도에 있는 제3영도교회 창고를 병원으로 꾸려 1951년 6월 21일 복음병원을 열었다. 편안하게 지낼 수 있는 길을 버리고 가시밭길로 들어선 셈이었다. 복음병원은 말이 병원이지 형편없는 꼴을 이루 말할 수 없었다. 20평 남짓한 창고를 진찰실과 약국, 그리고 주사실을 겸한 수술실로 대충 꾸몄는데 수술대가 없어서 나무로 만들어야 했다.

얼마 뒤 유엔에서는 대형 군용 천막을 지원해 주었다. 곧 복음병원에서 300~400미터 떨어진 영선초등학교 옆의 빈터를 발견하고 그곳으로 자리를 옮겼다. 80평 정도 되는 땅에 천막 세 개를 ㄷ 자로 배치하고 한 채는 외래진료소로, 또 한 채는 수술실로, 나머지 한 채는 입원실로 꾸며 놓았다. 이러고 보니 환자는 수용할 수 있는데 의사가 부족했다. 어느 날 부산에 피난 가 있던 경성의전 3년 후배인 서울대 의대 전종휘 교수가 장기려 박사를 만나러 복음병원을 찾았다가 같이 일하기도 했다.

1953년 드디어 휴전이 되자 정부와 각 대학이 서울로 옮겨 갔다.

서울대 의대에서는 장기려 박사에게 외과 교수로 일해 달라고 부탁했다. 하지만 그는 많은 사람들의 피와 땀으로 세운 복음병원을 버리고서 혼자 서울대 의대 교수가 되겠다고 떠날 수는 없었다. 결국 타협해서 서울대 의대 교수와 복음병원 원장 일을 함께 하기로 결정했다. 시간을 아끼기 위해 부산에서 밤 기차를 타고 기차에서 토막 잠을 잔 뒤 서울에서 학생들을 가르치고는 곧바로 부산행 기차를 타고 내려오는 강행군을 시작했다. 몇 년간 이런 생활을 했지만 역시 무리였다.

1956년에 복음병원이 송도로 옮겨 30병상을 갖춘 병원으로 거듭났다. 병원 일도 작은 천막 병원 시절과는 비교할 수 없이 많아졌다. 하는 수 없이 서울 생활은 청산했다. 그리고 이번에는 부산대 의대에 외과를 창설하고 복음병원장과 부산대 의대 교수를 겸했다.

가난한 환자들에게 진료비를 안 받는다는 소문이 나면서 형편이 어려운 환자들이 몰려들어 가뜩이나 어려운 병원 운영이 힘들어지기도 했다. 그렇지만 장기려 박사는 진료비가 없다고 하소연하는 환자에게 밤에 조용히 도망치라고 알려 주기도 했다.

장기려 박사는 가족 중 한 사람이 질병에 걸리면 의료비를 대다가 가족이 풍비박산하는 것을 많이 봤기 때문에, 외국에서 시행되는 의료보험 조합을 만들어야겠다고 생각했다. 의료보험은 많은 사람들이 병에 걸리지 않았을 때 미리 돈을 조금씩 내고, 질병에 걸리면 언제든지 적은 돈만 내고도 진료를 받을 수 있도록 하는 제도였다. 먼저 교회 23곳에서 700여 명의 조합원을 확보해 매달 1인당 60원씩 걷기로 했다. 이렇게 해서 1968년 5월에 우리나라 최초의 의료보험 조합인 '청십자의료협동조합'이 만들어졌다.

1975년에는 청십자의료보험에 가입한 사람들을 진료할 수 있는 청십자병원을 만들었기 때문에, 전쟁의 혼란 속에 만들어 25년 동안 혼신을 다해 일하며 정들었던 복음병원을 떠나 청십자병원 원장으로 자리를 옮겼다. 1977년 정부에서 의료보험 제도를 도입할 때 청십자의료보험 제도를 많이 참고했으니, 장기려 박사는 우리나라의 의료 제도의 발전에 기여한 셈이다.

한편 장기려 박사는 남한에서 살면서도 북에 두고 온 부모님과 아내와 다섯 자식들이 어떻게 지내는지 항상 걱정이었다. 혼자 살면서 외로울 때도 많았다. 그를 딱하게 여긴 주위 사람들이 재혼하라고 권하기도 했다. 그러나 그때마다 북에 두고 온 아내를 생각하면서 뿌리쳤다.

1985년 9월, 분단 40년 만에 남북 고향 방문단 및 예술단이 서울과 평양을 방문했을 때 장기려 박사는 정부로부터 깜짝 놀랄 제안을 받는다. 이산가족 20여 명을 상봉시켜 주려고 하니 신청하라는 것이었다. 누구나 귀가 번쩍 뜨일 제안이었다. 그러나 그는 혼자만 특혜를 받는 것을 사양했다.

그러나 뜻밖의 기적도 있는 법이다. 1986년 제네바에서 열린 국제적십자회의에 다녀온 사람으로부터 가족이 잘 지낸다는 소식을 들은 것이다. 6·25때 17세라는 어린 나이로 인민군에 징집되어 간 큰아들 택용이가 약학 박사가 되어 국제회의에 참석한다는 놀라운 소식도 들었다. 미국에 사는 친척을 통해 장기려 박사의 사진이 북에 있는 가족에게 전달되었고, 북에 사는 딸의 편지를 전해 받는 고마운 일도 있었다.

여든이 넘은 아내가 건강하다는 소식을 접한 장기려 박사는 자기도 모르는 사이에 무릎을 꿇었다. 남쪽에서 가난한 사람을 도우면 누군가가 북쪽의 가족을 보살피리라는 막연한 믿음이 이루어진 것 같았기 때문이다.

1991년 6월 그는 북한의 가족사진과 함께 아내의 편지를 받았다.

'안타까운 기도 속에서 언제나 당신을 만나고 있습니다. 부모님과 아이들이 힘든 일을 당할 때마다 저는 마음속의 당신에게 물었습니다. 그때마다 당신은 이렇게 하면 어떠냐고 응답해 주셨고, 저는 그대로 따랐습니다. 잘 자란 우리 아이들, 몸은 헤어져 있었지만 저 혼자서 키운 것은 아닙니다…… 이산가족들의 만남이 하루빨리 이루어진다면 얼마나 좋을까요? 80이 넘도록 살아 있음이 어쩐지 우리가 만나게 될 약속이 아직 남아 있기 때문인 것 같습니다.'

그러나 이 아내의 소망이 이승에서는 이루어지지 못했다. 1995

년 12월 25일 장기려 박사가 세상을 떠난 것이다.

그는 평생 자기 집 한 칸도 마련하지 않고 복음병원 옥상에 살면서도 항상 가진 것이 너무 많다고 하면서 남에게 베풀던 사람이다. 젊은 날 경성의전에 원서를 내면서 '의사를 한 번도 못 보고 죽어가는 사람들을 위해 평생을 바치겠습니다.' 하고 약속한 대로 자기 의학 지식을 온전히 남의 기쁨과 보람을 위해 쓰면서 살다 간 것이다. 그의 사랑이 넘치는 진료를 받고 살아난 수많은 사람들의 애도 물결 속에 그는 하늘나라로 고요히 돌아갔다. 그날은 신기하게도 크리스마스였다.

의료 봉사 단체 방문기

서홍관 선생님의 말씀을 직접 듣고, 글을 읽어 보니 의사라는 직업의 실체
가 또렷하게 보이기 시작했어요. 의사 선생님들의 진료 활동을 직접 체험
해 본다면 더욱 또렷해질 것 같은데, 의사 면허도 없는 중학생인 우리가
진료를 해 볼 수는 없는 노릇이고……

그렇게 궁리하다가 떠오른 것이 바로 의료 봉사 활동이에요. 텔레비전에
서 보니까 꼭 의사가 아니어도 의료 봉사에 참여할 수 있다고 하더라고요.
봉사를 하시는 의사 선생님들을 곁에서 지켜보는 것만으로도 훌륭한 체
험이 될 수 있지 않을까요?

1. 의료 봉사는 누구에게 필요할까?

현정 먼저 의료 봉사를 필요로 하는 사람들이 누구인지부터 알아봐야 할 것
같아.

희태 누구보다 가난한 사람들에게 필요하겠지. 의료비가 만만치 않으니까.
가난한 사람들은 병에 걸려도 의료비가 많이 나오는 게 걱정되어서 병
원에 안 가는 경우도 많을 거야.

현정 노인들도 문제야. 노인들 가운데에는 누구의 보살핌도 받지 못하는 사람들이 많은 것 같더라고.

희태 가난해서뿐이 아니라 쉽게 병원에 가지 못해 의료 혜택을 못 받는 경우도 많을걸.

현정 쉽게 병원을 못 간다고? 왜?

희태 예를 들어 외딴 섬이나 깊은 산에는 병원이 없잖아. 거기에 사는 사람들도 분명 병을 앓을 텐데 말이야. 쉽게 병원에 가지 못해서 병을 키울 수도 있겠지.

현정 병원이 대도시에만 몰려 있으니 지방에 사는 사람들은 큰 병이 들면 가까운 곳에서 해결하지 못하고 도시로 와야 한다더라.

희태 외국인들도 건강보험 혜택을 잘 받을 수 없어서 돈이 더 들 것 같아.

현정 외국인들은 의사소통에서도 어려움에 부딪힐 거야. 어디가 아픈지 정확히 설명하고, 의사의 이야기를 제대로 이해하는 일이 쉽지 않겠지.

희태 맞아. 의사들이 영어를 어느 정도 하겠지만, 환자들이 모두 영어를 할 줄 아는 것도 아닐 테고. 요새는 아시아 사람들이 많을 텐데.

현정 우리나라에 온 외국인뿐만 아니라, 아예 외국으로 가서 봉사 활동을 하는 모습도 봤어.

희태 나도 텔레비전에서 봤어. 멀리까지 가서 가난하고 병든 외국 사람들을 진료해 주는 모습을 보니까 존경스럽던걸.

현정 그럼, 대강 이렇게 정리할 수 있겠지. 의료 봉사가 필요한 사람들은 가난한 사람, 외딴 곳에 사는 사람, 노인, 외국인 등등이겠구나.

2. 의료 봉사 단체를 조사해 보자!

우리는 의료 서비스에서 소외된 사람들을 위해 의료 봉사를 펼치는 단체들을 찾아보기로 했어요. 생각보다 아주 많은 단체에서 아주 다양한 내용의 봉사 활동을 하고 있더라고요. 아래에 소개하는 단체 외에도 의료 봉사 단체가 많이 있으니 더 찾아보세요!

- 인도주의실천의사협의회(www.humanmed.org) : 노숙자 진료, 도서 지역 진료, 북한 어린이 의약품 지원, 외국인 노동자 진료 사업 등을 벌이고 있다.
- 열린의사회(www.opendrs.or.kr) : 해외 무료 진료 활동, 장애인 시설·양로원·보육원·외국인 근로시설 등 무료 진료, 소외 계층 무료 수술, 수술 기금 마련 위한 콘서트·바자회 등 개최를 하고 있다.
- 대한한방해외의료봉사단(www.komstar.org) : 해외 동포와 해외 주민 등을 상대로 한방 무료 진료를 하고 있다.
- 비전케어서비스(www.vcs2020.org) : 저소득층·노숙인·외국인 노동자 등을 대상으로 안과 질환 검진과 수술 등을 하고 있다.
- 한국의료봉사회(www.medisk.or.kr) : 저소득층 노인을 대상으로 의치해 드리기 사업을 벌이고 있다.

3. 의료 봉사 단체를 방문해 보자!

우리는 의료 봉사 단체를 직접 방문해 보기로 했어요. 방송이나 인터넷으로 접하는 정보는 아무래도 멀게 느껴지잖아요. 우리 두 눈으로 직접 본다면 아주 생생하게 느낄 수 있을 것 같다는 기대를 품었지요. 2009년 4월 5일, 우리는 서울 혜화동에 있는 라파엘클리닉을 방문했습니다.

라파엘클리닉(www.raphael.or.kr)은 외국인 노동자를 대상으로 무료 진료를 하는 봉사 단체예요. 1997년 설립하여 지금까지 10만 명이 넘는 환자를 진료해 왔대요. 진료는 매주 일요일 실시하는데, 큰진료와 작은진료를 번갈아 하고 있습니다. 큰진료일에는 17개 과의 진료가, 작은진료일에는 내과 진료가 이루어진대요. 큰진료일에는 약 400명의 환자가 방문을 한다는군요.

우리는 라파엘클리닉에서 봉사 활동을 하고 계신 선생님들의 도움을 받아 진료소를 견학할 수 있었습니다. 선생님들께서는 진료소의 현황과 활동에 대해 자세히 설명해 주셨어요.

라파엘클리닉을 다녀와서

라파엘클리닉에 가기 위해 동생과 함께 전철을 탔다. 한 시간가량을 타고 가서 혜화역에서 내렸다. '외국인들이라는데 의사소통이 잘 될까? 해외로 봉사 활동을 하러 가기도 할까?' 등등을 궁금하게 여기는 사이 라파엘클리닉에 도착했다.

라파엘클리닉의 홍보팀 선생님께서 이곳저곳을 견학시켜 주시며 설명을 해 주셨다. 라파엘클리닉은 한 고등학교의 강당 복도를 빌려 환자를 치료하고 있었다. 장소는 좁고 복잡한 데다가 환자들은 많아 매우 북적거렸다. 그러나 그런 가운데에서도 환자들은 질서를 잘 지키고 있는 것 같았고, 클리닉의 구성과 설비도 나름대로 괜찮아 보였다. 비록 진짜 병원은 아니지만 병원이라 부를 수 있을 만큼 손색이 없어 보였다. 그곳에는 의사뿐만이 아니라 일반인들도 자원 봉사에 꽤 많이 참여하고 있었다. 모두 해맑은 미소를 띠고 환자들을 도와주고 있었다.

나는 선생님께 궁금했던 것, 즉 의사소통은 어떻게 하는지 물어보았다. 선생님은 한국말로 한다고 하셨다. 환자가 못 알아들으면 어떡하지, 하는 생각을 떠올리기가 무섭게 선생님은 친절하게 몇 가지 설명을 덧붙여 주셨다. 이 환자들이 한국에서 생활하려면 한국말이 필수이고, 그리고 만약 이곳에서 영어를 쓴다면 환자들은 한국말을 전혀 배우려고 들지 않을 것이라는 생각 때문에 그렇게 시행한다는 것이었다. 나는 그 설명에 고개를 끄덕였다.

라파엘클리닉은 국내뿐만 아니라 해외 봉사도 다녀왔다고 한다. 몽골에서 봉사 활동 하는 모습을 담은 영상을 보여 주셨는데, 화면 속에는 몽골 아이들이 환하게 웃음 짓고 있었다. 의료 혜택이 잘 미치지 못하는 지역이라 우리 같은 선진 의료 기술이 시급한 지역이라고 선생님께서 설명하셨다.

짧은 시간 동안의 견학이었지만 정말 많은 것을 보고 느꼈다. 한순간 가슴이 쿵덕쿵덕 뛰고 눈물이 글썽거렸을 정도니까. 조금 더 커서 기회가 된다면 나도 의료 단체에서 자원 봉사를 해 보고 싶다. 그래서 오늘 느꼈던 따듯함, 슬픔, 감동, 보람 등 그 모든 것을 다시 한 번 느끼고 싶다.

김현정

라파엘클리닉에 도착하기 전까지는 넓은 곳에서 최첨단 장비를 갖추고 진료하는 장면을 머릿속에 그렸다. 홈페이지가 잘 정리되어 있었기 때문이었을까.

그런데 도착해서 보니 기대에 한참 못 미칠 정도로 열악한 환경이었다. 고등학교 건물의 복도를 빌려서 사용하는데, 사람이 인산인해일 정도로 많았지만 마땅히 쉴 공간도 없었고, 진료소는 자투리 공간을 활용해서 만들었다.

비록 건물과 환경은 열악했지만, 봉사 활동 하시는 분들의 입가에는 미소가 감돌았다. '이런 게 아름다운 것이구나.' 하는 생각을 하게 만드는, 말로는 표현하지 못할 그 무엇인가가 라파엘클리닉 전체에 감돌았다. '이게 바로 사랑이란 거구나.' 하는 생각이 들었다.

라파엘클리닉에는 많은 사람들과 많은 사연들이 있다. 온몸이 얼마나 아프신지 혼자서는 걷지 못하는 할머니, 고생을 해서인지 손이 울퉁불퉁하고 군살 박인 아저씨…… 이 사람들이 우리나라에서 의료 혜택을 제대로 못 받고 있다고 한다. 이 사람들도 우리 사회를 지탱하는 일부분인데도 우리 사회는 그들을 외면하고 있다. 라파엘클리닉은 외국인 노동자들의 상처를 감싸주는 붕대 같은 곳이다. 이런 곳이 있어서 그들이 위로받을 수 있는 것이다.

그런데 이런 라파엘클리닉이 위기에 처했다. 얼마 못 가 빌려 쓰고 있는 건물에 공사가 시작되어 장소를 옮겨야 한단다. 적당한 장소를 찾지 못하면 그 사이 여기 말고는 기댈 곳이 없는 외국인 노동자들은 어떻게 해야 하나.

우리 힘으로 바꾸어 나가야 한다고 생각한다. 나 하나쯤이 아닌, 나 하나부터라고 마음을 먹고 그들에게 손을 내밀어야 한다. 그들을 우리 사회의 일원으로, 이웃으로 받아들이자.

Foreigner, 외국인을 가리킨다. 이 단어를 이렇게 고쳐 생각해 보면 어떨까? For hope, 즉 앞으로의 희망이라고.

김희태

관 련 도 서 Books

미래의 의사에게

페리 클라스 지음, 미래인 2007

의사가 되려는 아들에게 의사인 어머니가 보내는 편지

의사인 어머니가 의대에 들어가려는 아들에게 의과대학에서 하는 공부, 의과대학 과정을 마치고 전문 분야를 정하기 전에 겪는 어려움, 환자를 치료하는 진정한 의사의 삶에 대해 들려준다. 의과대학에 진학하면 어떤 공부를 하는지, 그런 공부를 하면서 어떤 욕구를 갖게 되는지, 의대를 졸업하고 실제로 환자들과 대면하면서는 어떤 고민을 하고 어떤 실수를 저지르는지, 또한 이런 과정을 통해 한 사람의 의사가 되고 나면 어떤 삶을 살게 되는지가 자세하게 설명되어 있다. 한 사람이 진정한 의사로 성장하는 과정을 생생하게 알 수 있는 책이다.

닥터스 씽킹

제롬 그루크먼 지음, 해냄 2007

의사들은 어떻게 생각할까

의사는 과연 환자를 진단할 때 어떤 과정을 거쳐 진단을 내릴까? 환자만 보고 진단을 내리는 의사는 없다. 의사도 인간이기에 자신의 감정 상태, 환자에 대한 호감도, 병원의 업무량, 정부의 보험수가 등으로부터 자유로울 수 없다. 이 책에는 생사를 가를지도 모르는 판단을 해야 할 때는 두렵고, 업무가 너무 많아 판단력이 떨어지기도 하며, 환자의 처음 증상에 사로잡혀 다른 곳에서 보내는 응급신호를 발견하지 못하고, 하루에도 수백 건의 필름을 판독해야 하는 의사들의 현실이 적나라하게 그려져 있다. 그렇지만 의사는 환자의 건강과 생사를 짊어지고 있는 사람들이다. 저자는 오진을 피하기 어려운 현실 속에서도 제대로 된 결론에 도달하기 위해 의사는 물론이고 환자들이 어떤 고민을 하고 어떤 태도를 지녀야 하는지 알려 준다.

의사가 말하는 의사

김선 외 지음, 부키 2004

의사들이 직접 알려 주는 다양한 의사의 세계

의사라는 직업의 진면목을 알려 주는 책이다. 의사라면 돈 잘 벌고 대우받는 삶을 살 것이라고 생각하지만 현실은 많이 다르다. 또한 모든 의사가 생명에 헌신적인 것도 아니다. 의사도 평범한 인간이다. 다만 남들보다 생명에 대한 책임감을 조금 더 무겁게 느끼고 노력할 뿐이다. 게다가 의사라고 모두 똑같은 일을 하는 것은 아니다. 내과나 소아과 의사는 주로 약물을 통해 치료를 하는 반면, 일반외과나 정형외과나 비뇨기과 의사들은 수술을 주로 한다. 병원이 아닌 연구소나 언론사 같은 곳에서 일하는 의사도 있다. 이 책은 대학 병원, 중소 병원, 개인 병원, 공공 의료 기관에서 일하는 원장, 과

장, 레지던트, 인턴, 공중보건의 등 다양한 배경의 다양한
의사들이 현실의 의사란 어떤 사람들인지를 설명해 준다.

바티스타 수술팀의 영광

가이도 다케루 지음, 예담 2007

**뛰어난 심장병 수술팀의 수술 실
패 사건으로 들여다보는 의사의
세계**
한 의과대학 부속병원에 바티스
타라 불리는 수술에 관한 한 최고
의 실력을 자랑하는 팀이 있다.
바티스타는 이 수술법을 창시한 브라질 의학박사의 이름이
다. 그리고 바티스타법은 '확장형 심근증', 즉 심장이 커지
는 병을 치료하기 위해 심장의 근육을 잘라 내는 수술이다.
바티스타법의 성공률은 평균 60퍼센트밖에 안 되지만 이
수술팀의 성공률은 100퍼센트였다. 그런데 최근 세 번이나
연속으로 수술에 실패해 환자가 사망했다. 병원장은 그 이
유를 밝히기 위해 의료계의 권력 투쟁에서 멀찌감치 떨어
져 있던 한 신경내과 의사에게 조사를 의뢰하지만, 그는 이

유를 밝혀내지 못한다. 결국 후생노동성에 도움을 구하고, 사건을 조사하기 위해 한 공무원이 병원으로 파견되어 온다. 실패한 수술들을 살인 사건으로 규정한 그는 신경내과 의사와는 다른 공격적인 조사를 펼친다. 이 괴짜 공무원의 조사를 따라가다 보면 의료 현장을 체험할 수 있다. 대학병원에서 일어나는 갖가지 힘 싸움, 한 치의 실수도 허용되지 않는 수술실, 의사들의 갈등과 고뇌, 현 의료 제도의 문제점 등이 자세히 실감 나게 그려져 있다.

헬로우 블랙잭

슈호 사토 지음, 서울문화사 2003

한 인턴이 진정한 의사로 성장해 가는 이야기

모두가 알아주는 일류 의대를 갓 졸업한 에이지로가 연수를 받기 위해 일하게 된 병원에서 맞닥뜨린 현실은 학교에서 상상하던 것과 너무 달랐다. 한 달에 40만 원도 채 안 되는 적은 월급을 받으며 격무에 시달려야 할 뿐 아니라, 학교에서 배운 지식은 현장에서 애물단지 취급받기 일쑤다. 그러나 병원의 여러 과를 돌면서 다양한 환자들을 만나는 동안 점점 진정한 의사라면 환자를 어떻게 대하고 돌봐야 하는지를 알게 된다. 외과, 순환기내과, 정신과, 응급실 등으로 옮겨 가며 연수를 받는 주인공을 따라가다 보면 병원의 여러 분야와 그에 따른 특성, 의료계가 처한 현실, 초짜 의사가 그러한 현실에서 맞닥뜨리게 되는 고민과 어려움을 생생히 볼 수 있다.

관 련 영 화 Movies

패치 아담스

감독: 톰 새디악, 출연: 로빈 윌리엄스, 1998

웃음으로 환자를 치유하려는 의사의 이야기

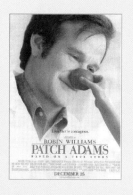

1970년대부터 무료로 환자를 치료해 온 의사 헌터 패치 아담스의 실제 이야기를 바탕으로 만든 영화다. 불우한 가정에서 자라난 아담스가 자살을 시도했다가 실패로 끝나자 스스로 정신병원에 들어간다. 그곳에서 아픈 사람을 치료하는 웃음의 힘을 목격하고 의사가 되겠다고 결심한다. 정신병원에서 나온 후 의과대학에 진학한 그는 의대 친구들과 함께 무료 진료소를 세우고 환자들을 치료한다. 하지만 아직 의사 자격증을 받지 못한 상황에서 하던 그의 진료 활동이 학교 당국에

알려져 퇴학을 당한다. 게다가 그가 사랑하던 여자친구가
진료소를 찾아왔던 정신병 환자에게 살해당하고 만다. 커
다란 충격을 받고 실의에 빠진 아담스는 의사를 포기할 생
각까지 하지만 식사를 거부하는 어떤 환자를 만나 의사로서
열정을 되찾는다. 환자를 진정으로 치료한다는 것이 무엇
인지 생각해 보게 하는 영화다. '패치'(patch)는 '상처를 치
유하다'라는 뜻으로 주인공의 별명이다.

로렌조 오일

감독: 조지 밀러, 출연: 닉 놀테, 수전 서랜든, 1993

난치병과 싸우는 사람들

5살 로렌조는 원인도 치료법도
모르는 희귀한 불치병에 걸렸다.
염색체의 유전자 이상으로 먼저
시력과 청력이 떨어지다가 머리
가 아프거나 동작이 이상해지는
등 온몸의 기능이 점점 마비되어 죽음에 이르는 ALD(부신
백질이여양증, 일명 로렌조 병)라는 병이다. 그러나 로렌조의
부모는 병 앞에서 굴복하지 않았다. 의학에 대해서는 아무

런 지식이 없었지만 관련 서적과 논문을 찾아 읽고 ALD를 집중적으로 논의할 수 있는 전문 의사 모임도 만들며 병을 극복하기 위해 할 수 있는 모든 노력을 기울인다. 결국 10년에 걸친 이들의 노력은 '로렌조 오일'이라는 치료약을 만들어 내는 결실을 거두고 로렌조의 부모는 명예 의학 박사 학위를 받는다. 실제 있었던 이야기를 바탕으로 만든 이 영화는 의학을 통해 난치병을 극복하는 것이 어떤 일인지를 감동적으로 보여 준다.

썸씽 더 로드 메이드

감독: 조셉 사전트, 출연: 앨런 릭먼, 모스 데프, 2004

인종차별을 이겨 내고 심장 수술 발전에 크게 공헌한 흑인 의사의 이야기

흑인에다 가난한 집안 출신으로 정규 의학 교육을 받지 못했지만 심장 수술의 발전에 중요한 구실을 한 의사 비비안 토머스의 실제 이야기를 바탕으로 만든 영화다. 인종차별이 당연시되고 경제는 커다란 위기에 빠

져 있던 1920년대 말 미국, 한 대학교의 실험실에 열아홉 살 흑인 소년이 청소부로 들어온다. 실험실의 주인이었던 의학자 알프레드 밸록은 곧 그 소년의 영특함을 알아보고 그에게 자신의 실험을 돕게 한다. 소년에게는 단순한 조수 일에만 쓰기에는 아까운 재능이 있었다. 하지만 흑인에게 는 의사가 될 기회가 주어지지 않던 시대다. 정식 의학 교 육을 받지도 않았고, 의사 면허도 없었지만 그는 타고난 손 재주와 명석함으로 밸록 박사를 도와 심장병 치료에 커다 란 공헌을 하고, 이후 외과 분야에서 중요한 구실을 해낼 인재를 길러 냈다. 결국 비비안 토머스는 60세가 되던 해 존스홉킨스 대학에서 자신이 길러 낸 세계적 대가들의 갈 채를 받으며 박사학위를 받았다. 존스홉킨스 대학에는 그 의 초상화가 걸려 있다.

감독: 마이클 앱티드, 출연: 휴 그랜트, 진 핵크먼, 1996

노숙자를 실험 대상으로 삼은 의사의 이야기

수많은 환자가 밀려 들어오는 한 시립 병원의 응급실에 환자 한 명이 들어온다. 중년의 나이에 마약 중독으로 정신착란 증세까지 보이던 그 환자는 결국 사망하고 만다. 다양한 증세와 부상으로 고통을 호소하는 환자들로 가득한 응급실에서 그는 아무런 주목도 받지 못했다. 하지만 그 환자를 담당했던 의사는 달랐다. 그의 증상은 너무나 종잡을 수 없었고, 공포에 질렸던 그의 표정은 도저히 그냥 넘길 수 없는 것이었다. 그래서 그에 관해 좀 더 조사해 보려고 했지만, 환자의 시체와 정보가 감쪽같이 사라져 버렸고 병원 당국은 이상할 정도로 관심을 갖지 않았다. 결국 그 의사가 마주하게 된 진실은 새로운 의료 기술을 개발하기 위해 거리의 노숙자를 실험 대상으로 삼은 의사가 있었다는 사실이다. 환자에게 희망을 주기 위해서라면 의학이 어떤 희생이든 용납해야 하는 것일까? 의학이 지켜야 할 윤리란 어떤 것인지 생각해 보게 하는 영화다.

사랑의 기적

감독: 패니 마셜, 출연: 로버트 드니로, 로빈 윌리엄스, 1990

진정한 치료를 위한 의사와 환자의 관계란?

레너드는 어렸을 때 뇌염을 앓고 그 후유증인 후기뇌염기면성으로 근육이 점점 굳어져 몸이 움직이지 않게 되자 11살 때부터 병원에서 살게 된다. 그리고 수십 년이 지난 뒤 그 병원에 세이어 박사가 새로 오면서 레너드를 비롯한 병원에 입원해 있는 후기뇌염기면성 환자들의 삶이 바뀌게 된다. 세이어 박사는 다른 의사들과는 달랐다. 그는 이 환자들이 겉으로는 움직이지 못하지만 내면은 살아 있다고 확신하고 이름을 부르거나 음악을 들려주는 등 인간적인 접촉을 통한 치료에 노력을 쏟는다. 그러던 어느 날 파킨슨병에 효과가 있는 약에 대한 연구 발표를 듣고는 그 약이 파킨슨병과 비슷한 증세를 보이는 후기뇌염기면성 환자에게도 효과가 있을 것이라 생각하고 병원에 투약을 건의한다. 이에 따라 우선 시험적으로 약을 투여받은 레너드는 기적적으로 움직일 수 있게 된다. 실화를 바탕으로 만들어진 이 영화는 치료를 위해 의사는 환자에게 어떻게 다가가야 하는지를 잘 보여 준다. 기적적으로 치료되었던 레너드는 오래가지 않아 원래의 상태로 되돌아가고 만다. 하지만 세이어 박사는 포기하지 않고 지금도 후기뇌염기면성 환자의 완치를 위해 연구하고 있다.

더 월

감독: 낸시 사보카, 셰어, 출연: 데미 무어, 시시 스페이섹, 앤 헤이치, 셰어, 1996

낙태 수술을 받은 세 여자의 이야기

같은 집에서 1950년대, 70년대, 90년대에 벌어진 세 가지 낙태에 대한 이야기를 그렸다. 1952년 클레어는 결혼한 지 1년도 안 돼 남편을 잃었는데, 옆에서 도움을 주

던 시동생의 아이를 갖게 되어 낙태를 결심한다. 그러나 열악한 시설 속에서 불법 수술을 받던 중 수술이 잘못되어 고통 속에 죽어 간다. 1972년 같은 집에서 바바라가 임신을 한다. 이미 4명의 자식을 두고 뒤늦게 공부를 다시 시작했는데, 딸아이마저 대학 진학을 앞두고 있어 경제적으로나 개인적으로나 아이를 더 키울 여유가 없는 상황이다. 낙태를 할 것인지를 두고 고민에 빠진다. 1996년 같은 집에 친구와 함께 자취를 하고 있는 크리스틴은 아내가 있는 교수와 사랑에 빠져 아이를 가졌지만 교수는 자신의 가정을 버릴 수 없다고 한다. 크리스틴은 수치심과 배신감으로 아이를 낳을 수 없다 결심하고 낙태 수술을 받기 위해 병원으로 간다. 이 영화는 낙태에 대해 찬성하지도 반대하지도 않는 시각을 유지하며 낙태를 택하는 여러 가지 상황과 수술의 장면을 생생하게 보여 준다. 낙태 수술이란 어떤 것인지, 낙태를 한다는 것은 어떤 일인지를 깊이 생각해 볼 수 있게 하는 영화다.

의사가 되는 과정

대학 · 대학원 진학

먼저 의과대학 또는 의학전문대학원에 진학해 공부해야 한다. 의과대학은 고등학교 졸업 후 의예과에 입학해 2년 동안 예과 교육을 받고, 그 뒤 4년 동안 본과 교육을 받는 6년제로 되어 있다.

이와 달리 의학전문대학원은 4년제 대학 졸업(예정)자가 의학교육 입문시험(MEET)을 거쳐 진학해 의학 교육을 받는 제도다. 의학전문대학원에 진학하려면 먼저 대학에서 소정의 과목을 이수하고, 졸업한 뒤에 MEET를 통과해야 한다. MEET는 의사의 기본 자질인 지적 능력과 인성을 평가하고, 의사소통 및 언어 구사 능력, 인문 사회·자연 과학 분야의 배경 지식 및 추론 능력 등을 평가하는 시험이다. 공

인 영어능력시험 성적과 대학 성적도 전형 요소에 포함된
다.

의사국가시험

의사가 되려면 국가시험을 통과해야 한다. 국가시험의 응
시 자격은 아래와 같다.

1. 의학을 전공하는 대학을 졸업하고 의학사 학위를 받은 자
2. 의학전문대학원을 졸업하고 의무석사 학위를 받은 자와
   석사, 박사 학위 과정이 통합된 과정에서 학위를 받은 자
3. 보건복지부 장관이 인정하는 외국의 의학을 전공하는
   대학을 졸업하고 외국의 의사 면허를 받은 자로서 의사
   예비시험에 합격한 자

한국보건의료인국가시험원(www.kuksiwon.or.kr) 홈페이지
에서 국가시험에 대한 내용을 자세히 찾아볼 수 있다.

인턴·레지던트

의사국가시험을 통과하면 의사 자격을 얻어서 일반의가 된
다. 일반의도 의료 행위를 할 수는 있지만 아직은 경험이

부족하기 때문에 많은 이들이 인턴과 레지던트 과정을 거치며 실력을 닦는다. 인턴은 수련의라고 하며, 레지던트의 전 단계다. 인턴 기간 1년 동안에 여러 과목을 돌며 수련한다. 그 뒤 전공 과목을 정해 약 4년 동안 전공의 과정인 레지던트 생활을 거친다.

_____ **전문의**

인턴과 레지던트를 거친 다음에는 전문의 시험을 치른다. 이를 통과하면 전문의 자격을 얻는다. 그 뒤로는 종합병원 전문의로 취업하거나, 개업을 할 수도 있다.

전국 의과대학 목록

전국에 의대가 있는 대학은 41개이며, 그 가운데 2009년 현재 27개교에 의학전문대학원이 개설되어 있다.

* 의예과는 폐지되고 의학전문대학원만 모집하는 학교(총 15개)

** 의예과와 의학전문대학원을 함께 모집하는 학교(총 12개)

*** 의예과만 모집하는 학교(총 14개)

강원 강원대학교 *

관동대학교 ***

연세대학교(원주) ***

한림대학교 ***

경기 성균관대학교 **

아주대학교 **

CHA의과대학교 *

경남 경상대학교 *

경북 동국대학교 **

광주 전남대학교 **

조선대학교 *

대구 경북대학교 *

계명대학교 ***

대구가톨릭대학교 ***

영남대학교 **

대전 을지의과대학교 ***

　　　충남대학교 *

부산 고신대학교 ***

　　　동아대학교 **

　　　부산대학교 *

　　　인제대학교 ***

서울 가톨릭대학교 *

　　　경희대학교 *

　　　고려대학교 **

　　　서울대학교 **

　　　연세대학교 **

　　　울산대학교 ***

　　　이화여자대학교 *

　　　중앙대학교 **

　　　한양대학교 **

인천 가천의과대학교 *

인하대학교 *

전북　서남대학교 ***

원광대학교 ***

전북대학교 *

제주　제주대학교 *

충남　건양대학교 ***

단국대학교 ***

순천향대학교 ***

충북　건국대학교 *

충북대학교 **